Mariola Piechotta

Verbales und nonverbales Sprachverhalten in gemischtgeschlechtlicher Konversation

Mariola Piechotta

VERBALES UND NONVERBALES SPRACHVERHALTEN IN GEMISCHTGESCHLECHTLICHER KONVERSATION

ibidem-Verlag
Stuttgart

Die Deutsche Bibliothek - CIP-Einheitsaufnahme:

Ein Titeldatensatz für diese Publikation ist bei
Der Deutschen Bibliothek erhältlich

ISBN-13: 978-3-89821-097-3

Printed in the EU

0. Einleitung

Diese Arbeit verfolgt das Ziel, an empirischen Daten zu veranschaulichen, inwieweit das Geschlecht das Konversationsverhalten beeinflusst und inwieweit die kommunikative Verhaltensweise geschlechtsabhängig ist. Wie unterscheiden sich Frauen und Männer in ihrem kommunikativen Verhalten voneinander und führen diese Unterschiede zur Dominanz eines Geschlechts. Als Ausgangspunkt dient die politische Fernsehdiskussion "The McLaughlin Group". Mit Hilfe der Videoaufzeichnung und der Transkription dieser Diskussionsrunde, die mir freundlicher Weise von der Federal News Service Group aus Washington zur Verfügung gestellt wurde, wird sowohl das verbale als auch das nonverbale Sprachverhalten dieser gemischtgeschlechtlichen Diskussionsrunde analysiert. Diese Arbeit ist im soziolinguistischen Bereich angesiedelt und untersucht mit der Methode der feministischen Konversationsanalyse die konversationelle Interaktion zwischen den Geschlechtern.

1. Einführung in die Soziolinguistik

1.1. Gegenstandsbereich

Die Soziolinguistik ist nach Hudson definiert als "the study of language in relation to society" (^{2}1996:1) oder nach Coates als "the study of language in its social context" (^{2}1993:4). Die Soziolinguistik ist demzufolge ein Bereich der Sprachwissenschaft, der die Sprache in der Gesellschaft und damit die Beziehung zwischen Sprache und Gesellschaft untersucht. Nach Bußmann stellt die Soziolinguistik eine Wissenschaftsdisziplin dar, "die die soziale Bedeutung des Sprachsystems und des Sprachgebrauchs, das wechselseitige Bedingungsgefüge von Sprach- und Sozialstruktur untersucht" (^{2}1990:692). Die Soziolinguistik ist empirisch orientiert, indem sie mit Hilfe von empirischen Untersuchungen Sprachvariation und ihre soziale Bedeutung beschreibt. In der Forschung wird dieser Bereich der Soziolinguistik als Variationslinguistik (Bußmann) oder Varietätenlinguistik (Linke et al.) bezeichnet. Die Sprachvarietäten ergeben sich durch das Hinzuziehen von außersprachlichen Faktoren, die einen Einfluss auf die Sprache bzw. den Sprachgebrauch der Sprecher/innen einer Sprachgemeinschaft haben.

Die Anfänge der Soziolinguistik als eigenständige Disziplin in den späten 60er und frühen 70er Jahren werden nach Linke et al. als die 'klassische' Phase der Soziolinguistik bezeichnet. Bernstein und Labov stellen die wichtigsten Vertreter dieser Phase dar, die hauptsächlich Untersuchungen zu Schicht und Klasse (soziale Varietät bzw. Soziolekt) durchführten. Regionale Varietät (Dialekt) ist die Fortführung der Dialektforschung. Stilistische Varietät stellt eine andere wichtige Varietät dar, die je nach Situation und Kontext mit einem Stilwechsel (*styleshift*) verbunden ist. Daneben gibt es andere außersprachliche Faktoren, wie z.B. Alter, Berufszugehörigkeit, religiöse oder politische Zugehörigkeit etc., die in der Soziolinguistik eine wichtige Rolle spielen. Genderlekt, analog zu Soziolekt und Dialekt gebildet, bezeichnet eine geschlechtsspezifische Sprachvarietät. Die neuere soziolinguistische Forschung beschäftigt sich mit Untersuchungen zum geschlechtsspezifischen Sprachverhalten. Diese Richtung wird von Gumperz als "interactional sociolinguistics" bezeichnet und befasst sich mit der sozialen Bedeutung von verbaler Interaktion (vgl. Dittmar 1997:23). Die Kategorie Geschlecht und damit der Zusammenhang zwischen Sprache und Geschlecht erweckte durch die Frauenbewegung großes Interesse in der Forschung und führte in den späten 70er Jahren zur Etablierung der 'feministischen Linguistik'.

1.2. Feministische Linguistik

1.2.1. Vorläufe

Die ersten Untersuchungen, die sich mit dem Zusammenhang zwischen Sprache und Geschlecht beschäftigen, lassen sich bis ins 17. Jh. zurückverfolgen. In Disziplinen wie der traditionellen Dialektologie und Anthropologie bildete 'Frauensprache' schon längere Zeit "ein traditionelles (Rand-)Thema" (Hellinger 1981:97). Diese Untersuchungen betrafen in erster Linie das Sprachsystem, d.h. sie untersuchten lexikalische, morphologische, syntaktische und phonologische Unterschiede und konnten überwiegend in 'exotischen' Sprachen gefunden werden. Nach der Klassifikation von Bodine (1975), die von Coates modifiziert wurde, handelt es sich dabei um geschlechtsexklusive (*sex-exclusive* bzw. *gender-exclusive*) Sprachen,[1] in denen

[1] Coates ersetzte *sex* durch *gender*. Im Deutschen bedeuten beide Begriffe Geschlecht, wobei *sex* auf das biologische und *gender* auf das soziale Geschlecht referieren.

grammatische Unterschiede zur Kennzeichnung eines Geschlechts benutzt werden müssen. Diese Sprachen, die exklusiv von einem Geschlecht gesprochen werden, lassen sich vermehrt außerhalb von Europa finden. Europäische Sprachen, die nach Bodine als geschlechtspräferentiell (*sex-preferential* bzw. *gender-preferential*) gelten, weil in diesen ein Geschlecht eine bestimmte stilistische Variation bevorzugt, rückten erst in den 20er Jahren unseres Jahrhunderts in den Blickpunkt dieser Untersuchungen. Jespersen vertrat in seiner Untersuchung von 1922 die Defizithypothese, in der die 'Frauensprache' als "keine eigenständige Sprache, sondern [als] eine minderwertige Variante der Männersprache" (Samel 1995:28) betrachtet wurde.

Cameron weist auf die Unterscheidung zwischen *folklinguistics* und *linguistics* hin, die sich durch ihre Vorgehensweisen unterscheiden. Bei *folklinguistics* handelt es sich um "cultural beliefs about the language of women and men" (^{2}1992:38). Diese Vorgehensweise wird als "unscientific and inaccurate" (ibd.:54) betrachtet, weil die Ergebnisse eher auf Vermutungen, Stereotypisierungen und Rollenerwartung aufbauen. Bei *linguistics* dagegen handelt es sich um systematische Untersuchungen, die nach Cameron erst in der Soziolinguistik vorzufinden sind, z.B. in quantitativen Analysen von Labov (1971) und Trudgill (1974). Diese empirischen Untersuchungen ergaben, dass Frauen im allgemeinen stärker zur Standardsprache tendieren als Männer. Labov stellte die Hypothese von der hyperkorrekten Sprechweise der Frauen auf (vgl. Samel 1995:37). Nach Trudgill resultiert dies aus der gesellschaftlichen Stellung der Frauen, denn "women try to compensate for their subordination by signaling status linguistically" (Thorne & Henley 1975:18). Der Gebrauch von *nonstandard forms* bei Männern dagegen ist nach Trudgill mit "strong connotations of masculinity" (ibd.:18) verbunden und "may signal male solidarity" (ibd.:18). Er bezeichnet dieses Phänomen als *covert prestige.*

1.2.2. Entwicklung der letzten 25 Jahre

Die linguistisch-feministischen Auseinandersetzungen mit Geschlecht und Sprache lassen sich grob in drei Phasen unterteilen, die sich durch ihre Vorgehensweisen und Modellbildungen unterscheiden. Die erste Phase beginnt mit den Untersuchungen von Lakoff (1975) und Key (1975). Wie Jespersen vertreten beide die Defizithypothese mit dem Unterschied, dass "vor allem die soziale Situation der Frau als Ausgangspunkt für ihre defizitäre Sprache gesehen wird" (Samel 1995:34). Diese neue

Defizithypothese ist eng mit der sozialen Stellung der Frau verknüpft, wobei sich nach Lakoff die gesellschaftliche Rangordnung in der Sprache widerspiegelt. Die Unsicherheit und das mangelnde Selbstbewusstsein der Frau ist demzufolge nicht auf das Sprachsystem, sondern auf ihre untergeordnete Stellung in der Gesellschaft zurückzuführen. Lakoff geht von einer neutralen Sprache (*neutral language*) aus, die hauptsächlich von Männern benutzt wird, und stellt ihr eine 'Frauensprache' (*women's language*) gegenüber. Key etikettiert die Sprache der Frauen als eine Rechtfertigungssprache (*language of apology*) und die der Männer als Sprache der Erklärungen (*language of explanations*). Diese ersten feministisch-linguistischen Arbeiten stießen in der Forschung aufgrund ihrer Vorgehensweise auf scharfe Kritik. Ihnen wurde vorgeworfen, dass sie ausschließlich auf Introspektion statt auf systematischer Untersuchung beruhen. Auch Cameron zählt diese Phase zu *folklinguistics*, denn bei den aufgestellten Hypothesen handelt es sich um Annahmen, die durch unsystematische Beobachtung und aus persönlicher Erfahrung gewonnen wurden.

Die folgenden Phasen ersetzen Introspektion durch empirische Untersuchungen, indem die in der ersten Phase aufgestellten Hypothesen "mit Methoden der empirischen Sozialforschung" (Hellinger 1981:98) überprüft werden. Dazu zählen unter anderem die immer wieder zitierten Untersuchungen zu Unterbrechungen von West & Zimmermann (1975; 1983) und die Untersuchungen von Fishman (1978; 1983). Auf den Begriff 'Frauensprache' wird weitgehend verzichtet, stattdessen wird dieser durch andere ersetzt, wie z.B. das weibliche Register (Trömel-Plötz). Thorne und Henley (1975) bieten mehrere Möglichkeiten an, z.B. *style, variety, genderlect.* Bei dieser Modellbildung wird der weibliche Stil nicht mehr als defizitär betrachtet, sondern als Zeichen der Unterdrückung. Die Defizithypothese wird durch die Dominanzhypothese ersetzt, wobei der soziale Kontext weiterhin von Bedeutung ist und zur Analyse hinzugezogen werden muss, denn die Sprache und das Sprechen reflektieren die Ungleichheit zwischen Frauen und Männern in der Gesellschaft (vgl. Trömel-Plötz 1982:54). Kramarae stellt eine weitere wichtige Vertreterin dieser Hypothese dar.

Den Auslöser zur dritten Phase Anfang der 80er Jahre bildete der Aufsatz "A Cultural Approach to Male-Female Miscommunication" von Maltz & Borker (1982). Diese neue Vorgehensweise ist mit positiven Neubewertungen der weiblichen Merkmale verbunden. Nicht mehr die Unterdrückung durch den Mann steht im

Vordergrund, sondern die Andersartigkeit der Geschlechter. Diese Differenzhypothese, auch die Theorie der 'zwei Kulturen' genannt, stellt keine Ablösung der Dominanzhypothese dar, sondern geht von einem anderen Ausgangspunkt aus und verfolgt ein anderes Ziel. Tannen stellt eine wichtige Vertreterin dieser Theorie dar, im deutschsprachigen Raum vertritt Kotthoff diesen Ansatz.

1.2.3. Forschungsbereich

Die feministische Linguistik umfasst zwei Forschungsbereiche: Einerseits werden das Sprachsystem und der Sprachgebrauch untersucht und damit die Art und Weise, wie die Sprache im konkreten verwendet wird. Andererseits wird das Sprachverhalten analysiert, wobei kommunikative Verhaltensweisen und typische Redestrategien von Frauen und Männern im Vordergrund stehen. Das Sprachsystem und das Sprachverhalten sollen Aufschluss über die Position der Frau in der Gesellschaft geben und die Ungleichheit zwischen Frauen und Männern aufdecken. Meine Analyse beschäftigt sich mit dem Sprachverhalten in einer Konversation und liegt somit im zweiten Forschungsbereich.

2. Konversationsanalyse

2.1. Gegenstandsbereich

Die Konversationsanalyse ist ein Forschungsschwerpunkt der Soziolinguistik und stellt eine Methode dar, um das kommunikative Sprachverhalten zu untersuchen. Nach Bußmann handelt es sich dabei um "eine ethnomethodologisch [...] orientierte Richtung, die die sprachliche Interaktion in den Mittelpunkt stellt" (^{2}1990:692). In der Forschung variiert die Terminologie. Synonym zur Konversationsanalyse werden die Termini Dialoganalyse und Diskursanalyse verwendet. Im deutschsprachigen Raum dagegen wird der Terminus Gesprächsanalyse bevorzugt. In meiner Arbeit wird der Terminus Konversationsanalyse in Anlehnung an die amerikanische Gesprächsforschung und den englischen Begriff *conversational analysis* benutzt.

Es ist das Ziel der Konversationsanalyse, den Kommunikationsablauf und die Interaktionsprozesse der Teilnehmer einer Konversation zu untersuchen und "dialogisches sprachliches Handeln in sozialen Situationen systematisch zu beschreiben und zu erklären" (Brinker & Sager ^{2}1996:7). Ein distinktives Kriterium zu einem

Vortrag bzw. einer Rede besteht darin, dass eine Konversation eine Interaktion voraussetzt. Demzufolge besteht eine Konversation aus mind. zwei Personen, die einen Dialog miteinander halten, wobei ein Redebeitragswechsel stattfinden muss, der dadurch zustande kommt, dass ein Redebeitrag von einer am Gespräch teilnehmenden Person zu einer anderen wechselt (vgl. Samel 1995:147). Konversationen sind strukturiert und laufen nach bestimmten Regeln ab, die schon im Kindesalter erlernt werden müssen (vgl. Trudgill ^{3}1995:110f.). Außerdem wird von den Teilnehmern und Teilnehmerinnen vorausgesetzt, dass sie sich kooperativ verhalten, was Grice (1975) in seinem Kooperationsprinzip (*co-operative principle*) verankerte. Dieses Prinzip ist die oberste Maxime jeder sprachlichen Konversation und besteht aus vier Submaximen: Maxime der Quantität (*quantity*), der Qualität (*quality*), der Relation (*relation*) und der Art und Weise (*manner*) (vgl. Yule ^{2}1996:145).

Den Ausgangspunkt der Konversationsanalyse bildet die Aufbereitung der gesprochenen Sprache, die Gegenstandsbereich der Analyse ist, in schriftlicher Form (Transkription) (vgl. Linke et al. 1991). Dabei wird ein Gespräch bzw. eine Konversation elektronisch auf Tonband oder Video aufgezeichnet und dann transkribiert. Diese Art der Transkription unterscheidet sich von einer phonetischen Transkription insofern, dass die normale Orthographie beibehalten wird und Merkmale, die für gesprächsanalytische Zwecke von Bedeutung sind, hinzukommen. Diese Merkmale signalisieren den Sprecherwechsel, Unterbrechungen, Überlappungen, Pausen, Parallelsprechphasen und auch Zusatzinformationen, wie z.B. Betonung, wobei der Sprecherwechsel als "zentrale Schaltstelle des Gesprächs" (Linke et al. 1991:264) betrachtet wird. Die Videoaufzeichnung ermöglicht zusätzlich die Analyse von nonverbaler Verhaltensweise, wie z.B. Gestik, Mimik, Körperhaltung, Blickkontakt etc.

Zu einer Konversationsanalyse gehört die Bestimmung des Gesprächstyps und die Beschreibung der Gesprächskonstitution. Sowohl die Art einer Konversation als auch ihr Aufbau und ihre Zusammensetzung dienen dazu, Verallgemeinerungen und Gemeinsamkeiten von bestimmten Ablaufmustern zu liefern. Der Gesprächsablauf, der das Gerüst einer Konversation darstellt, gehört nach Henne & Rehbock (^{2}1982:20) zur Makroebene, der höchsten Ebene in ihrer Gliederung. Ihre Gliederung besteht aus drei Ebenen: der Makroebene, der mittleren Ebene und der Mikroebene. Die Kategorien der Makroebene sind Gesprächsphasen, die in Gesprächseröffnung, Gesprächsbeendigung, Gesprächs-"Mitte" (Entfaltung des Hauptthemas und der

Subthemen) und Gesprächs-"Ränder" (Nebenthemen, Episoden) unterteilt werden. In meiner Analyse spielt vielmehr die *floor*-Einteilung eine Rolle, die im Kapitel 3.1.1. näher erläutert wird. Die Kategorien der mittleren Ebene bestehen aus kleineren Einheiten; dazu gehört der Redebeitrag (*turn*) als Grundeinheit der Konversation und der Sprecherwechsel (*turn-taking*). Hinzu kommen zusammengesetzte Einheiten, wie z.B. ein Paar (*pair*), "is made up of two turns made by two different speakers" (Tsui 1994:7), ein *adjacency pair* (Schegloff & Sacks 1973) als besondere Form eines Paares, das in der Konstellation Frage-Antwort vorzufinden ist, und eine Sequenz (*sequence*), "is made up of more than one turn" (Tsui 1994:7). Die Kategorien der Mikroebene betreffen die syntaktische, lexikalische, phonologische und prosodische Struktur, die in meiner Analyse bis auf die prosodische Struktur eine untergeordnete Rolle spielen.

2.2. Feministische Konversationsanalyse

Ausgehend von der These, "Geschlecht bestimmt mehr als andere Faktoren unser Gesprächsverhalten" (Trömel-Plötz 1984:15), versucht die feministische Konversationsanalyse herauszufinden, inwieweit das Geschlecht das Konversationsverhalten beeinflusst und inwieweit die kommunikative Verhaltensweise geschlechtsabhängig ist. Dabei wird sowohl das verbale als auch das nonverbale Kommunikationsverhalten untersucht, denn "[d]as typische Kommunikationsverhalten der Menschen besteht aus verbalen und nonverbalen Signalen" (Argyle 1985:345). Die konversationsanalytischen Kategorien der Ethnomethodologie, wie z.B. Unterbrechung, Überschneidung, Themensteuerung, Häufigkeit und Länge der Redebeiträge etc. (vgl. Trömel-Plötz 1982:71) werden in der Untersuchung zu geschlechtsspezifischem Sprachverhalten angewandt, wobei die Organisation des Redebeitragswechsels den theoretischen Ausgangspunkt bildet (vgl. Samel 1995:148). Damit ist einerseits eine quantitative Analyse gemeint, in der der Frage nachgegangen wird, "wie oft sie [Männer und Frauen] das Wort bekommen, wie oft sie sich das Wort selbst nehmen, wie lang sie reden, ob sie unterbrochen werden oder selbst ihren Beitrag beenden" (Trömel-Plötz 1984:57) und andererseits eine qualitative Analyse, in der der Inhalt der Redebeiträge beachtet wird, um den Themenaufbau und die Argumentationsstruktur zu analysieren. Dabei muss der Inhalt der Redebeiträge in Zusammenhang mit den sprachlichen Mitteln, die von den Teilnehmern und den Teilnehmerinnen benutzt werden, gebracht werden. Zusätzlich zu den Unterbrechungen muss untersucht werden, wem es gelingt, das Rederecht wiederzuerlangen und wem nicht. Die Art der Anrede spielt in der Untersuchung auch eine wichtige Rolle. Wer wird mit dem Vor- und Nachnamen angeredet und wer nur mit dem Vornamen? Auch die Anzahl der Minimalreaktionen und ihre Funktion spielt eine Rolle. Ist ihre Verteilung auf das Geschlecht zurückzuführen?

Die Frauenforschung interessiert sich für die Verbindung zwischen "interaktionellem Mikro- und gesellschaftlichem Makrokosmos" (Günthner/Kotthoff 1991:20). Die Mikroanalyse einer Konversation ermöglicht einen Einblick in die Stellung bzw. Position der Frau in der Gesellschaft, denn "durch die Art und Weise, wie wir sprechen, produzieren wir in einem wichtigen Sinn die Wirklichkeit, damit bestimmen wir, wie unsere Welt beschaffen ist" (Trömel-Plötz 1982:138). Demzufolge ist es möglich, vom Verhalten einer Person in einer Diskussion auf ihre Stellung in der Gesellschaft zu schließen. Gräßel weist daraufhin, dass es sich dabei nicht um eine einfache Widerspiegelung handelt. Ihrer Meinung nach sind "[e]in männlicher und ein weiblicher Verhaltensstil [...] Abbilder gesellschaftlich vermittelter Vorstellungen von Männlichkeit und Weiblichkeit, davon, wie Männer und Frauen zu sein haben; und diese Vorstellungen von Männlichkeit und Weiblichkeit wird durch Sozialisation, durch geschlechtsspezifische Sozialisation, vermittelt" (1991:303). Infolgedessen versucht die feministische Konversationsanalyse aufzudecken, wie die weibliche Rolle oder allgemein die Geschlechtsrollenstereotypen einen Einfluss auf unsere Wahrnehmung des Kommunikationsverhaltens haben (vgl. Samel 1995:146). Diese werden in die Konversationen projiziert, dort bestätigt und gefestigt und "[d]as Gesprächsverhalten wird somit der betreffenden sozialen Rolle angepaßt" (Günthner/Kotthoff 1991:35). Trömel-Plötz weist darauf hin, dass die Rollenerwartung das Verhalten und die Leistung beeinflusst und damit eine größere Rolle spielt als das Verhalten selbst (vgl. 1982:116). Ihrer Meinung nach ist "das Geschlecht [...] für den Gesprächserfolg, die Interpretation und die Reaktion, ausschlaggebender als das eigentliche Gesprächsverhalten" (Trömel-Plötz 1982:12).

Das Wertesystem der Gesellschaft spielt in der Frauenforschung eine wichtige Rolle, denn "männlichen und weiblichen Verhaltensweisen sind in unserer Gesellschaft ungleiche Bewertungen zugeordnet" (Günthner/Kotthoff 1991:37). Selbst wenn Frauen und Männer genauso sprechen, wird ihr Verhalten unterschiedlich beurteilt (vgl. Tannen 1993a:251), wobei das Sprachverhalten der Männer mit höherem Status versehen wird, unabhängig davon, wie sich der Mann im konkreten Fall verhält (vgl. Trömel-Plötz 1984:64). In der feministischen Gesprächsforschung existieren zwei Vorgehensweisen, die sich mit diesen Problemen auseinandersetzen: die Dominanzhypothese und die Differenzhypothese.

2.2.1. Dominanzhypothese (*power or dominance approach*)

Wie der Name schon impliziert, spielen Dominanz und Macht bei dieser Vorgehensweise eine wichtige Rolle. Den Ausgangspunkt der Dominanzhypothese bildet die Annahme, dass "eine Privilegierung von Männern und eine Diskriminierung von Frauen in Gesprächssituationen" (Samel 1995:151) stattfinden. Frauen werden in Konversationen von Männern unterdrückt und diese Unterdrückung ist dadurch zu beobachten, dass "Männer mehr reden als Frauen, d.h. öfter das Wort ergreifen und längere Redebeiträge liefern als Frauen, daß sie das Gesprächsthema bestimmen und den Gesprächsverlauf steuern" (Trömel-Plötz 1982:98). Trömel-Plötz geht allgemein von einem männlichen Dominanzverhalten in Gesprächen aus, was sich dadurch beobachten lässt, dass alle Männer einen höheren Gesprächsstatus als Frauen haben, (vgl. 1984:64), während für Frauen in gemischtgeschlechtlichen Gesprächen ein niedriger Status konstruiert wird (vgl. 1982:13). Die Folge davon ist, dass Männer Frauen in Gesprächen beherrschen, denn ein höherer Status impliziert das Recht, andere zu beherrschen und sich der Herrschaft anderer zu widersetzen (vgl. Tannen 1994a:121). Durch die Verbindung zwischen dem Konversationsverhalten und der Stellung in der Gesellschaft ergibt sich die Schlussfolgerung, wenn für die Frau immer ein niedriger Status in Konversationen konstruiert wird, dann deutet dies auf ihre untergeordnete Stellung in der Gesellschaft hin. Männer und Frauen werden unterschiedlich bewertet, sogar wenn sie genauso sprechen (vgl. Tannen 1993a:247), wobei die Bewertung und Beurteilung der Frau immer negativ ausfällt (vgl. Trömel-Plötz 1982:29). Infolgedessen wird ihr Konversationsstil als machtlos bewertet, der Konversationsstil des Mannes dagegen stellt ein Dominanzverhalten dar, das sowohl im verbalen als auch im nonverbalen Bereich zu beobachten ist.

2.2.2. Differenzhypothese (cultural difference approach)

Die Differenzhypothese, die Theorie der 'zwei Kulturen', betont die Andersartigkeit der Geschlechter und untersucht geschlechtsspezifische Gesprächsgewohnheiten, denn nach Tannen gibt es unterschiedliche Konversationsstile (*conversational style*), die auf das Geschlecht zurückzuführen sind (vgl. 1993a:16). Die Differenzhypothese betrachtet die Konversation zwischen einer Frau und einem Mann als eine "interkulturelle Kommunikation" (Tannen 1994a:159), denn beide Geschlechter kommen aus einer anderen 'Kultur'. Unter Kultur fasst Tannen ein Netzwerk von Gewohnheiten und Verhaltensmustern, das sich aus vergangenen Erfahrungen zusammensetzt (vgl. ibd.). Das Ergebnis ist, dass Frauen und Männer unterschiedliche Sprechgewohnheiten entwickeln, nachdem sie eine unterschiedliche Sozialisation durchlaufen sind. Nach Maltz & Borker (1982) werden Verhaltensmuster und Verhaltensregeln zwischen dem 5. und 15. Lebensjahr in gleichgeschlechtlichen Gruppen, den sogenannten *peer groups*, erworben (in Günthner/Kotthoff 1991:59). Unterschiedliche Erfahrungen und Gewohnheiten in der Kindheit prägen das erwachsene Konversationsverhalten und führen dazu, dass Männer und Frauen andere Vorstellungen und Erwartungen an eine Konversation haben. Sie verfolgen unterschiedliche Ziele, indem eine Konversation für den Mann Austausch von Informationen und für die Frau soziale Interaktion bedeutet (vgl. Tannen 1993a:84). Im Gegensatz zum Mann versucht die Frau, mit einem Gespräch Bindungen herzustellen. Der Mann dagegen stellt sein Wissen und seine Fähigkeiten zur Schau (vgl. ibd.:79), um damit Status und Macht zu demonstrieren. Tannen beschreibt eine konkrete Situation, um die unterschiedliche Erwartungshaltung, die zu Missverständnissen führen kann, zu veranschaulichen. Wenn die Thematik einer Konversation Kummer betrifft, versuchen Männer die Ursache des Problems anzugreifen, während Frauen erwarten, in ihren Gefühlen bestätigt zu werden (vgl. ibd.:62). Frauen sind demnach an der Metamitteilung einer Konversation interessiert, an "Informationen darüber, welche Beziehungen zwischen den Beteiligten bestehen, welche Haltung sie zu ihren Worten und Handlungen und zu den Empfängern dieser Worte und Handlungen einnehmen" (ibd.:29), d.h. an der Art und Weise, wie eine Aussage gemeint ist. Männer dagegen sind an der Mitteilung und damit nur am Inhalt des Gesprächs interessiert. Tannen spricht von einer Beziehungssprache (*rapport-talk*) der Frauen, wobei es sich dabei um eine Bindungs- und Intimitätssprache handelt, die Solidarität ausdrücken und Gemeinschaft herstellen soll. Dieser stellt sie eine Berichtsprache (*report-talk*) der Männer gegenüber, eine Status- und Unabhängigkeitssprache, die Status und Macht ausdrücken soll (vgl. ibd.:40).

2.2.3. Ergebnisse

Die feministische Konversationsanalyse, die das Sprachverhalten von Frauen und Männern in mehreren unterschiedlichen Bereichen (Diskursen) untersucht, führt unabhängig von der Vorgehensweise immer wieder zu einem einheitlichen Ergebnis, dass dasselbe Verhalten unterschiedlich beurteilt wird, je nachdem, ob es bei einem Mann oder einer Frau beobachtet wird. Als Beispiel liefert uns Tannen das Schweigen, das bei Frauen als Zeichen der Ohnmacht und bei Männern als ein Machtinstrument bewertet wird (vgl. 1993a:251f). Das Verhalten der Frau wird immer negativ bewertet und als 'Widerspiegelung' eines niedrigen Status aufgefasst, während das Verhalten des Mannes immer mit einem höheren Status versehen wird (Trömel-Plötz 1982, 1984; Tannen 1993a). Dabei wird das Sprachverhalten des Mannes nicht nur positiver bewertet, sondern auch als die Norm anerkannt (vgl. Tannen 1993a: 259). Die immer wieder zitierte Untersuchung von Keenan (1974) über das männliche und weibliche Sprechen in einer madagassischen Gemeinschaft verdeutlicht dieses Phänomen. Obwohl in dieser Gemeinschaft Frauen einen direkten und Männer einen indirekten Gesprächsstil benutzen, sind es trotzdem die Frauen, die den Männern unterlegen sind, denn in dieser Gemeinschaft wird entgegengesetzt zu unserer Bewertung Indirektheit mehr angesehen als Direktheit (in Günthner/Kotthoff 1991).

Gemeinsam leisten beide Vorgehensweisen einen Beitrag zum geschlechtsspezifischen Sprachverhalten, wobei nach Coates in gemischtgeschlechtlicher Konversation der *dominance approach*, in gleichgeschlechtlicher Konversation dagegen der *difference approach* effektiver ist (vgl. 1998:413). Untersuchungen von gleichgeschlechtlichen Konversationen ermöglichen einen Vergleich des Verhaltens von Frauen und Männern, wenn sie einerseits untereinander und andererseits miteinander interagieren. Die Frauenforschung geht allgemein von einem kooperativen Kommunikationsstil der Frauen und einem konfrontativen Kommunikationsstil der Männer aus. Frauen verhalten sich in Konversationen kooperativ und zeichnen sich durch ein unterstützendes Gesprächsverhalten aus. Männer dagegen verhalten sich in Konversationen kompetitiv, sind statusorientiert und versuchen, Macht zu demonstrieren (vgl. Tannen 1993a; Samel 1995). Ihr Konversationsstil ist nicht kooperativ und ihr Verhalten umfasst Auseinandersetzung, Konflikt, Konkurrenz und Streit (vgl. Tannen 1993a:162). Diese Verhaltensweisen lassen sich in mehreren Bereichen beobachten, z.B. im akademischen Bereich (vgl. Koffthoff 1984; Schmidt 1988), an den Schulen (vgl. Spender 1984), im medizinischen Bereich (vgl. West 1984), im Alltag (vgl. Fishman 1978, 1984; Aries 1984), bei Kindern (vgl. Sheldon, Goodwin in Tannen 1993a) und in den Medien (vgl. Trömel-Plötz 1982, 1984; Kramarae 1984; Hummel 1984; Zumbühl 1984; Gräßel 1991; Kotthoff 1992). Doch trotz allem ist Vorsicht vor Generalisierungen geboten, die leicht zu Stereotypisierungen führen können; die Situation muss stets mitberücksichtigt werden.

2.2.4. Medien

Das vorherrschende Prinzip in der Domänenverteilung sieht vor, dass Frauen der private Bereich zugewiesen wird, während der öffentliche Bereich ausschließlich den Männern vorbehalten ist. Dadurch dass das Fernsehen "das öffentlichkeitswirksamste Medium ist und ihm damit auch besondere Relevanz zukommt, gesellschaftliche Verhältnisse und damit auch das Verhältnis zwischen Frauen und Männern darzustellen" (Samel 1995:161), fällt im Fernsehen die kommunikative Selbstpräsentation der Geschlechter weit normativer aus als in anderen Gesprächstypen (vgl. Kotthoff 1992:262). Die meisten Untersuchungen kommen immer wieder zu einheitlichen Ergebnissen, dass "[t]he public domain is a male-dominated domain" (Coates 1998:295) und dass Männer die Diskussionen im Fernsehen sowohl verbal als auch nonverbal beherrschen und kontrollieren. Trömel-Plötz (1982, 1984) kommt in ihren Untersuchungen zur Schlussfolgerung, dass Frauen in Diskussionen nicht als gleichwertige Gesprächspartnerinnen anerkannt werden. Hummels Ergebnisse (1984) betreffen den Gebrauch von Sprechhandlungen. In Fernsehdiskussionen des Schweizer Fernsehens beobachtet Hummel bei Männern und Frauen einen unterschiedlichen Gebrauch von Sprechhandlungen, wobei Männer mehr Sprechhandlungen benutzen, die Macht voraussetzen, wie z.B. Beschuldigungen, Vorwürfe und Zurechtweisungen, Frauen dagegen mehr Sprechhandlungen, die um Aufmerksamkeit, Reaktion und Bestätigung werben. Gräßel (1991) beobachtet in ihrer Untersuchung geschlechtstypische Gesprächsstile in öffentlicher Kommunikationssituation. Der weibliche Gesprächsstil kennzeichnet sich durch das Fehlen dominanter Sprachformen, die sich dagegen bei Männern vermehrt beobachten lassen.

Durch das Hinzuziehen von Untersuchungen zu gleichgeschlechtlicher Konversation (vgl. Coates 1996) lässt sich bestimmen, welchen Konversationsstil Männer und welchen Frauen verwenden. Männer sprechen eher in großen Gruppen und in der Öffentlichkeit, während Frauen eher private Gespräche bevorzugen. Die Interaktion folgt männlichen und nicht weiblichen Normen, wenn Frauen und Männer zusammenkommen (vgl. Tannen 1993a:260). Männer befinden sich dann häufiger in der Rolle des Vortragenden und Frauen in der Rolle des Publikums (vgl. ibd.:157). Besonders in der Öffentlichkeit ist "the more adversial, information-focused style characteristic of all-male talk" (Coates 1998:295) vorzufinden. Die 'Ein-Sprecher-zur-Zeit'-Situation (*one-at-a-time*) (vgl. Edelsky 1993), die überwiegend in Fernsehdiskussionen vorzufinden ist, kommt dem öffentlichen Gesprächsstil der Männer mehr entgegen. Daraus ergibt sich ein Dilemma für Frauen, auch als die 'double-bind'-Situation bekannt: Wollen Frauen in Diskussionen mithalten, müssen sie einen männlichen Konversationsstil übernehmen. Tun sie das, dann sind sie männlich und werden als Frauen entwertet (vgl. Trömel-Plötz 1982:52).

In den Medien ist durch den Aufstieg von Talkshows, in denen Frauen verstärkt präsent sind und mitdiskutieren, ein Wandel zu beobachten. Dies ist aber dadurch zu erklären, dass diese Talkshows meistens private Probleme behandeln. In politischen Fernsehdiskussionen dagegen, in denen eine Überlappung mit dem politischen Diskurs vorliegt, ist nicht nur die Präsenz der Frauen immer noch gering,[2] sondern Frauen bleiben immer noch im Hintergrund und überlassen Männern die aktive Rolle. Allgemein ist "die Rolle der Frau im öffentlichen, politischen Diskurs sehr eingeschränkt" (Günthner/Kotthoff 1991:36). Kramarae beschreibt in ihrem Artikel den Widerstand von Männern gegenüber dem öffentlichen Sprechen von Frauen. "Wenn es schon so viel Widerstand dagegen gibt, daß eine Frau nur einen Text liest, für den sie selbst nicht verantwortlich ist, wieviel mehr Widerstand müssen wir erwarten, wenn eine Frau in der Öffentlichkeit gegenüber gemischtgeschlechtlichen Zuhörern ihre eigene Meinung ausdrückt?" (1984:204).

[2] In allen 3 Diskussionen, die mir zur Auswahl standen, war jedes Mal dieselbe Frau vertreten, während die männlichen Teilnehmer mit einer Ausnahme immer wechselten.

3. Empirische Untersuchung

Bei der analysierten Fernsehdiskussion, die am 13. 06. 1998 auf CNN ausgestrahlt wurde, handelt es sich um eine politische Diskussionsrunde namens "The McLaughlin Group", "an unrehearsed program presenting inside opinions and forecasts on major issues of the day" (Ankündigung dieser Sendung). Ort der Austragung ist ein Studio in Washington; der Fernsehzuschauer bzw. die Fernsehzuschauerin ist der einzige Rezipient, da kein Publikum im Studio vorhanden ist. Die Dauer der Sendung beträgt 23 Minuten und enthält zwei Werbeunterbrechungen. Die Diskussionsrunde setzt sich insgesamt aus fünf Personen zusammen: einem Moderator und vier Studiogästen, wovon eine Person weiblich und drei männlich sind. Bei allen vier Teilnehmern handelt es sich um Journalisten, die im folgenden mit ihren Namen und Beschäftigungen aufgelistet werden.

(1) Teilnehmer/in:[3]

M	Moderator	John McLaughlin
A	*Syndicated columnist*	Patrick (Pat) Buchanan
B	***Newsweek***	**Eleanor Clift**
C	*Chicago Tribune*	Clarence Page
D	*National Review*	Lawrence Kudlow

Diese Diskussionsrunde, die insgesamt aus zehn Runden besteht, zeichnet sich durch eine systematische Struktur aus. Am Anfang jeder Runde werden aktuelle politische Ereignisse kurz durch den Moderator vorgestellt und eingeführt, mit Zitaten ergänzt und dann in der Diskussionsrunde kommentiert und ausdiskutiert. Der Moderator fordert dabei seine Teilnehmer auf, sich zum Thema zu äußern. Dies geschieht fast immer in der gleichen Reihenfolge und impliziert ein Frage-Antwort-Schema. Das Konzept dieser Diskussion entspricht daher eher einem Interview zwischen dem Moderator und seinen Teilnehmern als einer Diskussion. Eine Interaktion findet in erster Linie zwischen dem Moderator und einem Kandidaten als zwischen den einzelnen Teilnehmern statt. Den Inhalt betreffend behandelt diese politische Fernsehdiskussion drei verschiedene Themenbereiche. Das erste Thema setzt sich mit Clintons

[3] Alle folgenden Werte der Teilnehmerin werden aufgrund einer schnelleren Übersicht fettgedruckt.

Reise nach China auseinander (außenpolitische Angelegenheit), das zweite behandelt seine Affäre mit Monika Lewinsky (private Angelegenheit) und das letzte Thema ist im wirtschaftlichen Bereich angesiedelt.

3.1. Das verbale Kommunikationsverhalten

Wie bereits in Kapitel 2.2. erwähnt, bildet das Redebeitragswechsel-Modell (*turn-taking-system*) den theoretischen Ausgangspunkt für die feministische Konversationsanalyse. Das zugrundeliegende Modell dazu stammt von Sacks, Schegloff und Jefferson (1974). Diese beschreiben in ihrem Modell die Mechanismen, nach denen ein Redebeitragswechsel stattfinden kann (vgl. Samel 1995:148). Ein Redebeitragswechsel ist mit einem Sprecher(innen)wechsel verbunden, wobei dieser den Übergang vom Sprecher an den Hörer bedeutet (vgl. Brinker & Sager [2]1996). "Sprecher(in) und Hörer(in) tauschen die Rollen" (Samel 1995:149). Es gibt mehrere Formen des Redebeitragswechsels. Linke et al. (1991:266f.) listen vier Formen auf: Sprecherwechsel mit oder ohne Pause (*gap*), auch der "glatte" Wechsel genannt (vgl. Brinker & Sager [2]1996), Sprecherwechsel mit Überlappung, Sprecherwechsel durch Unterbrechung und Sprecherwechsel mit längerer Pause bzw. Schweigen. Für meine Analyse sind die ersten drei Formen relevant, wobei zwischen dem Sprecherwechsel mit und ohne Pause unterschieden wird, um eine mögliche Störung aufdecken zu können. Ein Beweis dafür, dass ein Sprecherwechsel ohne Pause eine Form von Störung ist, zeigt, dass bei Fremdwahl in den meisten Fällen eine Pause zwischen dem Worterteiler und der aufgeforderten Person vorliegt. Das Redebeitragswechsel-Modell beschreibt die Abfolge von Redebeiträgen. Zuerst wird das Zustandekommen eines Redebeitrags beschrieben, mit dem Interesse, wie Redebeiträge vergeben werden und wer sie vergibt. Anschließend wird das Ende eines Redebeitrags untersucht, um Unterbrechungen und Überlappungen feststellen zu können. Zusätzlich müssen die Redebeiträge im einzelnen isoliert betrachtet werden, um festzustellen, wie viele Redebeiträge eine Sprecherin bzw. ein Sprecher hat und wie lange sie dauern. Der Redebeitrag wird auf diese Weise einerseits isoliert und andererseits in seinem Kontext betrachtet.

3.1.1. *floor*-Verteilung

Ein *floor* ist nach Edelsky definiert als "the acknowledged what's-going-on within a psychological time/space" (1993:209) und beinhaltet ein Gesprächsteil, das 'den Ton angibt' (vgl. Gräßel 1991:54). Eine Konversation wird generell als "a fight for the floor" (Tannen 1994b:60) betrachtet und *having the floor* impliziert "control over part of a conversation" (Edelsky 1993:205). Ein *floor* gehört der Makroebene an und stellt eine größere Einheit als ein Redebeitrag dar. Es kann sowohl aus nur einem als auch aus mehreren Redebeiträgen bestehen und kann deshalb einen Sprecherwechsel beinhalten, denn "it is possible to take a turn without having the floor" (ibd.:210), z.B. in Zwischenbemerkungen, Nachfragen oder kurzen Einwänden. In dieser Diskussionsrunde besteht ein *floor* in den meisten Fällen aus mehreren Redebeiträgen. Dabei handelt es sich jeweils um eine Interaktion zwischen einem Teilnehmer und dem Moderator, wobei die sprechende Person das Rederecht hat und der Moderator mit seinen Nachfragen oder Einwänden für eine Diskussion sorgt.

Edelsky unterscheidet zwei Arten von *floor*: "one-at-a-time type of floor" und "a collaborative one", wobei die zweite Art nochmals unterteilt wird in: "free-for-all" und "several people being on the same wavelength". Wie der Name impliziert, liegt die erste Art vor, wenn eine einzige Person zu einem bestimmten Zeitpunkt das Wort hat, während bei der zweiten zwei oder mehrere Personen an einem gleichberechtigten, kollaborativen Gespräch teilnehmen (vgl. Gräßel 1991:54). Die erste Situation lässt sich überwiegend in einer öffentlichen und formellen Situation beobachten, wie z.B. in einer Fernsehdiskussion, während die zweite Situation mehr in informellen und privaten Gesprächen vorzufinden ist. In verschiedenen Untersuchungen wurde beobachtet, dass die 'Ein-Sprecher-zur-Zeit'-Situation eher dem männlichen Konversationsstil liegt, während Frauen eher den kollaborativen Stil vorziehen, wenn sie untereinander sind.

Tab. 1: *floor*-Verteilung

	M	A	**B**	C	D
Gesamtanzahl	4	11	**11**	9	10
durch den Moderator eingeleitet		9	**9**	7	9
selbst erkämpft		2	**2**	2	1

Da es sich hier um eine Fernsehdiskussion handelt, liegt demzufolge die erste Art von *floor* vor. Zusätzlich gleicht diese Diskussion einem Interview, was diese Annahme verstärkt, denn ein Interview kennzeichnet sich dadurch, dass der Interviewer einer Person Fragen stellt, die diese beantworten muss. Dabei spricht zu einem Zeitpunkt jeweils nur eine Person, entweder der Interviewer oder die interviewte Person. Die ausgeglichene *floor*-Verteilung der Teilnehmer trägt zu einer systematischen Struktur dieser Diskussionsrunde bei. Diese enthält insgesamt zehn Runden und die Gesamtanzahl der *floor*-Verteilung von jedem Teilnehmer lässt darauf schließen, dass jeder Teilnehmer in jeder Runde durchschnittlich einmal zu Wort kommt, mit Ausnahme des Teilnehmers C. Wie bereits erwähnt, handelt es sich in den meisten Fällen um ein "one-at-a-time type of floor", in der ein Teilnehmer 'den Ton angibt' und ein *floor* dominiert. Dabei wird der Teilnehmer von Zwischenbemerkungen oder Nachfragen des Moderators begleitet. In vier Fällen jedoch verhält sich der Moderator so dominierend, dass er die Versuche der Teilnehmer, etwas zur Diskussion beizutragen, vehement abwehrt und dadurch er derjenige ist, der den 'Ton angibt' und den Verlauf des *floors* bestimmt. In zwei Fällen gelingt es den Teilnehmern A und C mitzuhalten, so dass dadurch ein Eindruck von "free-for-all" entsteht. In diesen beiden Fällen handelt es sich um "a collaborative type of floor". Die Funktion des Moderators ändert sich in dieser Situation insofern, dass er kein Leiter der Diskussionsrunde mehr ist, sondern ein Teilnehmer, der seine Meinung zu einem bestimmten Thema äußert. "[T]he main finding of sociolinguistic research into mixed talk is that women and men do not have equal rights to the conversational floor" (Coates 1998:162), wobei dies in dieser Diskussionsrunde nicht zutrifft. Die *floor*-Verteilung ist nicht vom Geschlecht abhängig, was die Gesamtanzahl der *floors* und ihr Zustandekommen beweisen. Bei allen Teilnehmern lässt sich ein fast identisches Ergebnis beobachten, denn die Gesamtanzahl der *floors* ist bei allen fast gleich. Alle Teilnehmer werden in den meisten Fällen vom Moderator eingeleitet, ohne Berücksichtigung des Geschlechts. Inwieweit es Unterschiede innerhalb eines *floors* gibt, dazu ist die Untersuchung der einzelnen Redebeiträge notwendig.

3.1.2. Redebeitrag (*turn*)

Ein Redebeitrag (*turn*), der als Grundeinheit einer Konversation gilt, beinhaltet "everything one speakers says before another speaker begins to speak" (Sacks et al.

1974). In Abgrenzung dazu gibt es den Seitenkommentar (*side comment*), der "is said to one or a few persons rather than to all" (Edelsky 1993:207). Wie sein Name bereits andeutet, trägt er nichts zur Diskussion bei, sondern stellt eine spontane Reaktion dar, die in den Raum eingeworfen wird. In den meisten Fällen sind diese *side comments* nicht in ihrer vollständigen Länge hörbar, weil sie parallel zu anderen Beiträgen erfolgen oder in einer Diskussion zwischen mehreren Teilnehmern untergehen. Die Kameraführung dieser Diskussionsrunde leistet einen Beitrag zur Unterscheidung, weil die Kamera normalerweise auf diejenige Person gerichtet ist, die gerade einen Redebeitrag leistet. Die Beiträge, die als *side comments* klassifiziert werden, sind in den meisten Fällen nur hörbar, denn die dazugehörige Person wird durch die Kamera nicht erfasst oder nur kurz wie bei Minimalreaktionen. *Side comments* sind den Minimalreaktionen in ihrer Funktion ähnlich. Sie unterscheiden sich von ihnen durch ihre Länge. In der Regel sind *side comments* längere Äußerungen als Minimalreaktionen. In der Diskussion ist ihre Anzahl sehr gering und nur bei der Teilnehmerin B und dem Teilnehmer C zu finden, wie die folgende Tabelle (2) zeigt.

Tab. 2: *side comments*

	A	**B**	C	D
side comments		**2**	1	

Bei der Ermittlung der Redebeiträge wird jeder einzelne Redebeitrag aus seinem Kontext herausgerissen und isoliert betrachtet. Dabei werden die Anzahl und Länge der Redebeiträge der einzelnen Personen untersucht. In diese Analyse werden auch die Beiträge des Moderators hinzugezogen, aber mit der Einschränkung, dass nur diejenigen gezählt werden, die in der Interaktion mit anderen Teilnehmern stattfinden. Die Redebeiträge des Moderators, die als Hintergrundinformation oder Beschreibung der Situation fungieren, werden nicht beachtet. Die Untersuchung der Anzahl und Länge der Redebeiträge soll Aufschluss darüber geben, ob Männer tatsächlich mehr Redezeit beanspruchen, häufiger das Wort haben und längere Beiträge liefern als Frauen. Diese Hypothese ist in der Forschung weit verbreitet (vgl. Trömel-Plötz 1982; 1984). Die folgende Tabelle (3) stellt die Ergebnisse dar.

Tab. 3: Anzahl und Länge der Redebeiträge

	M	A	**B**	C	D
Anzahl der Redebeiträge	92	22	**22**	19	22
Gesamtzeit der Redebeiträge [s] Gesamtzeit der Redebeiträge [min:s]	411,3 6:51	140 2:20	**172,1** **2:52**	88,1 1:28	178,7 2:59
Länge eines Redebeitrags im Ø [s]	4,5	6,4	**7,8**	4,6	8,1

Als erstes ist zu beobachten, dass der Moderator aus dem Rahmen fällt. Er liefert mit großem Abstand die meisten Redebeiträge und hat wesentlich mehr Redezeit als alle anderen. Seine Anzahl der Redebeiträge entspricht sogar mehr als der Summe aller Redebeiträge der anderen. Schon nach dieser Analyse lässt sich eine besondere Rolle des Moderators erkennen. Das Geschlecht dagegen spielt sowohl bei der Anzahl als auch bei der Länge der Redebeiträge keine Rolle. Die Teilnehmerin ist mit ihren 22 Redebeiträgen und mit einem Durchschnittswert von 7,8s pro Redebeitrag gegenüber den anderen Teilnehmern sehr gut vertreten. Auch die Gesamtsprechzeit der Teilnehmerin ist hoch und entspricht fast der höchsten. Dies widerspricht der Beobachtung von Tannen, in der der Mann in der Rolle des Vortragenden und die Frau in der des Publikums zu finden sind (vgl. 1993b:157). In dieser Fernsehdiskussion ist die Teilnehmerin nicht nur eine aufmerksame Zuhörerin, wie es von Frauen angenommen wird, sondern sie nimmt rege an der Diskussion teil, was sich an ihrer hohen Anzahl von Redebeiträgen und der hohen Gesamtsprechzeit beobachten lässt. Gräßel weist in ihrer Untersuchung auf die besondere Rolle von Fernsehdiskussionen hin, in denen es zu Abweichungen gegenüber anderen Kommunikationssituationen kommt. Diese Abweichungen betreffen die Verteilung der Redebeiträge. Was die Länge der Redebeiträge betrifft, leisten ihrer Meinung nach Männer längere Beiträge. Sie ist der Annahme, dass "Männer in den unterschiedlichsten Kommunikationssituationen mehr **Redezeit** beanspruchen als Frauen" (1991:55).

In dieser Diskussion trifft die Hypothese nur auf den Teilnehmer C zu. Er hat die wenigsten und kürzesten Redebeiträge und weist eine deutlich geringere Gesamtsprechzeit als alle anderen Teilnehmer auf. Im Vergleich zur Teilnehmerin B und dem Teilnehmer D beansprucht er nur die Hälfte ihrer Redezeit, hat aber eine wesentlich höhere Sprechgeschwindigkeit, wie die folgende Tabelle (4) zeigt. Doch trotz hoher Sprechgeschwindigkeit trägt der Teilnehmer C weniger zur Diskussion bei als die anderen, was die Gesamtanzahl der Wörter verdeutlicht. Die Sprechgeschwindigkeit der anderen Teilnehmer ist fast identisch.

Tab. 4: Sprechgeschwindigkeit

	A	**B**	C	D
Gesamtanzahl der Wörter	490	**573**	376	600
Anzahl der Wörter im Ø pro s	3,5	**3,33**	4,27	3,36

3.1.3. Zustandekommen des Redebeitrags

Beim Zustandekommen eines Redebeitrags unterscheidet Samel drei Möglichkeiten. Die erste besagt, dass die gegenwärtig sprechende Person die nächste wählt, die zweite bedeutet Selbstwahl (*self election*) und bei der dritten wählt der Gesprächsleiter oder -leiterin die nächste Sprecherin oder den nächsten Sprecher (vgl. 1995:149). Linke et al. unterscheiden dagegen nur zwei Arten des 'Zu-Wort-Kommens': einmal die Aufforderung bzw. Worterteilung durch den Moderator bzw. durch eine andere Person (Fremdwahl oder Fremdzuweisung) und zweitens nimmt eine Person unaufgefordert das Wort an sich (Selbstwahl oder Selbstzuweisung) (vgl. 1991:265). Der Unterschied dieser Klassifikation zur ersten besteht darin, dass die erste und dritte Möglichkeit der ersten Klassifikation unter dem Begriff der Fremdwahl oder Fremdzuweisung zusammengefasst werden. Für meine Analyse eignet sich die zweite Variante besser, weil es sich in der Diskussion bei allen Fremdzuweisungen um Worterteilungen des Moderators handelt.

Die Unterscheidung der Fremd- und Selbstwahl ist notwendig, um differenzieren zu können, ob eine Person selbst die Initiative ergreifen kann, um etwas zur Diskussion beizutragen oder ob eine Person so lange wartet, bis sie aufgefordert wird, etwas zur Diskussion beizusteuern. Verhält sich eine Person eher passiv oder aktiv und hat dies mit der Kategorie Geschlecht zu tun, wie in der Forschung angenommen wird? Die aktive Rolle wird dabei dem Mann zugeschrieben und die passive der Frau. Selbständige Wortergreifungen werden als Indiz für Dominanz und Durchsetzungsvermögen betrachtet, weil die Person die Initiative ergreift und selbst bestimmt, wann sie etwas sagen möchte und nicht wartet, bis sie dazu aufgefordert wird.

Tab. 5: Zustandekommen des Redebeitrags

	A	**B**	C	D
Fremdwahl	12	**16**	11	14
Selbstwahl	10	**6**	8	8

Die Anzahl der Fremdwahl ist bei allen Teilnehmern höher als die der Selbstwahl, was auf die Konzeption dieser Diskussionsrunde zurückzuführen ist. Wie bereits erwähnt, entspricht diese eher einer Interviewsituation, bei der der Moderator die Funktion eines Worterteilers innehat. Er stellt eine Frage und befragt nacheinander die Diskutierenden dazu. Das Verhältnis von 53 Worterteilungen zu 32 Selbstergreifungen deutet auf eine gelenkte Diskussion hin. Es lassen sich Unterschiede hinsichtlich des Geschlechts beobachten. Die Teilnehmerin hat im Vergleich zu den Teilnehmern die kleinste Anzahl von Selbstwahl, was bedeutet, dass sie die wenigsten selbständigen Wortergreifungen hat. Ihr wird das Rederecht fast drei mal so oft erteilt, als sie es durch Selbstwahl erreicht.

3.1.3.1. Selbständige Wortergreifungen (Selbstwahl)

Die kleine Anzahl der Eigenübernahmen bei der Frau bestätigt die in der Forschung weit verbreitete Annahme, dass Frauen nicht selbst das Wort ergreifen, sondern dass es ihnen zugewiesen wird. Doch wie ist dies zu erklären? Tannen versucht es, indem sie davon ausgeht, dass Frauen aufgrund ihrer Erfahrungen in der Kindheit unterschiedliche Verhaltensmuster entwickeln. Diese Erfahrungen drängen Frauen in eine passive Rolle, denn schon als Mädchen lernen sie in Diskussionen aufmerksam zuzuhören, während Jungen eine aktive Rolle übernehmen, indem sie versuchen sich durch das, was sie sagen, in den Mittelpunkt zu stellen (vgl. Tannen 1993a:148). Durch die Art und Weise, wie sie sich in einer Diskussion verhalten, möchten sie Aufmerksamkeit erlangen. Doch m.E. ist diese Erklärung nicht ausreichend. Vielmehr ist zu klären, ob Frauen der Diskussion nur als aufmerksame Zuhörerin folgen, weil sie daran gehindert werden, etwas zur Diskussion beizusteuern. Trömel-Plötz schreibt Frauen ein eingeschränktes Rederecht zu und vergleicht ihre Situation mit derjenigen von Kindern, die erst bitten müssen, bevor sie etwas sagen (vgl. 1982:98). Frauen haben es ihrer Meinung nach wesentlich schwieriger als Männer, zu Wort zu kommen und erlangen ihr Rederecht nur durch die Worterteilung des Moderators.

Es ist zu untersuchen, ob die Teilnehmerin B tatsächlich immer wartet, bis sie aufgefordert wird oder ob sie eigenständig versucht, zu Wort zu kommen, aber daran gehindert wird. Missglückte Versuche, das Wort zu ergreifen, werden nach Trömel-Plötz als eingeschränktes Rederecht interpretiert (vgl. 1982:98). Die Analyse beinhaltet zwei Schritte. Wie viele Versuche werden von allen Teilnehmern unternommen, um das Rederecht zu erlangen, wie viele führen davon zum Erfolg und wie viele scheitern? Führt jeder Versuch zu einer erfolgreichen Selbstübernahme? Dabei müssen Versuche, das Rederecht zu bekommen, gezählt werden und in Beziehung zu gelungener Eigenübernahme gesetzt werden. Das Verhältnis zwischen Versuchen und gelungener Eigenübernahme eines Redebeitrags macht deutlich, wie durchsetzungsfähig ein Sprecher ist. Je kleiner die Differenz, desto besser die Durchsetzungsfähigkeit. Beim zweiten Schritt müssen die erfolgreichen Versuche näher differenziert werden. Handelt es sich dabei um Versuche, die beim ersten oder erst beim wiederholten Mal zum Erfolg führen? Wie oft muss eine Person ihren Versuch wiederholen, bis sie erfolgreich ist und selbständig das Wort ergreifen kann?

Tab. 6: Verhältnis von Versuchen zu gelungener Selbstübernahme

	A	**B**	C	D
Versuche	18	**25**	9	14
Selbstwahl	10	**6**	8	8
missglückte Versuche	8	**19**	1	6

Die Analyse zeigt, dass die Teilnehmerin nicht wartet, bis sie aufgefordert wird, sondern dass sie eigenständig versucht, zu Wort zu kommen, aber mit wenig Erfolg. Sie benötigt die meisten Versuche, um das Rederecht zu erlangen. Sie scheint ein eingeschränktes Rederecht zu haben, denn bei ihr findet sich eine hohe Anzahl von missglückten Versuchen. Sie kann sich im Vergleich zu den anderen Teilnehmern sehr schlecht durchsetzen. Nur fast jeder vierte Versuch führt bei ihr zu einer erfolgreichen Selbstübernahme. Beim Teilnehmer A führen fast 50% aller Versuche zum Erfolg. Ganz anders sieht es dagegen bei den Teilnehmern C und D aus. Sie benötigen mit Abstand die wenigsten Versuche, um erfolgreich das Rederecht zu bekommen. Fast jeder Versuch von C endet mit einer erfolgreichen Selbstübernahme.

Tab. 7: Wiederholte Versuche

	A	**B**	C	D
1 mal wiederholt	2	**2**	1	1
2 mal wiederholt	2			
3 mal wiederholt		**1**		
8 mal wiederholt		**1**		

Alle Teilnehmer verfügen über mindestens einen wiederholten Versuch, der Teilnehmer A und die Teilnehmerin B sogar über zwei. Zusätzlich benötigt der Teilnehmer A in zwei weiteren Fällen zwei Wiederholungen, bis seine Versuche zum Erfolg führen. In einem Fall gelingt es ihm nur durch die Worterteilung des Moderators. Völlig aus dem Rahmen fällt die Teilnehmerin. Sie muss ihre Versuche mehrmals wiederholen, bis sie das Rederecht erhält. In einem Fall gelingt es ihr erst beim vierten Mal und auch nur mit Hilfe des Moderators. In einem weiteren Fall benötigt sie neun Versuche, bis sie dann tatsächlich ihren Redebeitrag leisten kann. Dies zeigt, dass die Teilnehmerin sich im Gegensatz zu ihren männlichen Kollegen weniger gut durchsetzen kann und bestätigt die These von Trömel-Plötz, dass es für Frauen wesentlich schwieriger ist, zu Wort zu kommen. Der Moderator spielt bei der Teilnehmerin eine wesentlich wichtigere Rolle als bei den restlichen Teilnehmern. In ihren wiederholten Versuchen schafft sie es insgesamt in zwei Fällen nur mit Hilfe des Moderators das Rederecht zu bekommen ("let Eleanor").

Ein weiterer Aspekt, der bei selbständigen Wortergreifungen zu beachten ist, betrifft die Art und Weise, wie die Selbstwahl entsteht. Wie verhält sich der Teilnehmer oder die Teilnehmerin bei der selbständigen Wortergreifung? Es gibt zwei Möglichkeiten: entweder erfolgt die Selbstwahl durch eine Störung des vorangegangenen Redebeitrags oder der vorangegangene Beitrag wird nicht gestört. Keine Störung liegt vor, wenn der neue Sprecher bzw. die neue Sprecherin einen passenden Augenblick abwartet, um das Rederecht zu erlangen. Der vorangegangene Beitrag wird zu Ende ausgeführt, bevor der neue Sprecher bzw. die neue Sprecherin einsetzen. Eine Selbstübernahme durch Störung dagegen setzt eine Störung des vorangegangenen Redebeitrags voraus. Dabei setzt der neue Sprecher bzw. die neue Sprecherin ein, wenn der vorangegangene Beitrag noch nicht zu Ende ist. Die Art der Störung wird im Kapitel 3.1.5. näher untersucht.

Tab. 8: Selbstwahl

	A	**B**	C	D
ohne Störung		**2**	4	4
durch Störung	10	**4**	4	4
Gesamtzahl der Eigenübernahmen	10	**6**	8	8

Die Art und Weise, wie die Teilnehmer ihr Rederecht selbst erlangen, trägt dazu bei, ihr Konversationsverhalten zu ermitteln. Nach dieser Analyse lässt sich ein unterschiedliches Verhalten bei den Teilnehmern beobachten, wobei der Teilnehmer A besonders aus dem Rahmen fällt. Sein Verhalten zeichnet sich durch einen hohen Grad an Unkooperativität aus, denn alle seiner Eigenübernahmen erfolgen durch Störung von anderen Beiträgen. Er wartet nicht ab, bis der vorangegangene Beitrag zu Ende ausgeführt wird und verursacht dadurch eine Störung. Sein Verhalten erklärt seine relativ hohe Anzahl von missglückten Versuchen, das Rederecht zu erlangen. Doch im Vergleich zur Teilnehmerin B und ihren missglückten Versuchen ist sein Durchsetzungsvermögen viel größer. Er erlangt in zehn Fällen das Rederecht, indem er jeweils den Beitrag der sprechenden Person stört, während es der Teilnehmerin nur in vier Fällen gelingt. In zwei Fällen wartet sie einen passenden Augenblick ab, um mit ihrem Redebeitrag einzusetzen, besser gesagt, sie muss warten, bis sie zu Wort kommt. Sie versucht mehrmals vergeblich in die Diskussion zwischen dem Moderator und dem Teilnehmer A einzugreifen. Erst nachdem diese zu Ende ist, kann sie erfolgreich zu Wort kommen. Am kooperativsten verhalten sich die Teilnehmer C und D, denn die Hälfte ihrer Eigenübernahmen entstehen ohne Störung. Sie warten das Ende des vorangegangenen Beitrags ab, bevor sie mit ihren Beiträgen einsetzen. Dies erklärt ihr erfolgreiches Verhältnis von Versuchen zu gelungener Selbstübernahme.

3.1.3.2. Worterteilungen (Fremdwahl)

Bei der Analyse von Worterteilungen spielen mehrere Aspekte eine Rolle. Zum einen wird untersucht, wer die Worterteilungen vergibt. Wer bestimmt in dieser Diskussion, wer das Rederecht bekommt und etwas sagen darf? Zum anderen wird untersucht, wer die Worterteilungen erhält und ob es dabei Unterschiede gibt, wie das Rederecht erteilt wird? In dieser Diskussion gibt es keine Fremdzuweisung eines

Teilnehmers, alle Fremdzuweisungen erfolgen durch den Moderator. Es gibt eine einzige indirekte Aufforderung des Teilnehmers A. Mit seiner Äußerung "ask Larry that" fordert er den Moderator auf, dem Teilnehmer D das Wort zu erteilen. In den meisten Fällen bekommen alle Teilnehmer explizite Aufforderungen des Moderators. Dabei verwendet der Moderator entweder einen namentlichen Aufruf, eine Fragestellung oder deren Kombination. Der namentliche Aufruf dient zur Neubestimmung des *floors*, die Fragestellung erfolgt innerhalb eines *floors*. Bei der Fragestellung handelt es sich immer um eine direkte Frage, die nicht in die Runde eingeworfen wird, sondern immer an einen Teilnehmer gestellt wird. Wenn kein namentlicher Aufruf des Moderators erfolgt, wird eine implizite Aufforderung in Form von Blickkontakt eingesetzt. Das Rederecht kann sowohl explizit als auch implizit vergeben werden.

Tab. 9: Worterteilungen des Moderators

	A	**B**	C	D
explizite Aufforderung				1
namentlicher Aufruf		**7**	1	
Fragestellung	5	**7**	10	10
Fragestellung mit namentlichem Aufruf	7	**2**		3
Gesamtanzahl	12	**16**	11	14

"In keiner Diskussion bekommen Diskussionsteilnehmerinnen häufiger das Wort erteilt als Teilnehmer" (vgl. Gräßel 1991:75), das Gegenteil lässt sich in meiner Analyse beobachten. In dieser Diskussion ist es die Frau, die am häufigsten das Rederecht erteilt bekommt. Der Grund dafür liegt nicht darin, dass sie auf die Aufforderung des Moderators wartet, sondern dass sie in vielen Fällen nur durch seine Hilfe zu Wort kommt. Sie versucht mehrmals vergeblich, das Rederecht zu erlangen, was ihr erst durch das Einschreiten des Moderators und seiner Wortvergabe gelingt. Dies erklärt ihre hohe Anzahl von namentlichem Aufruf, während dem Rest der Teilnehmer überwiegend Fragen gestellt werden. Die hohe Anzahl der Kombination von Fragestellung mit namentlichem Aufruf beim Teilnehmer A resultiert aus der Reihenfolge der Befragung, denn in den meisten Fällen, in denen eine neue Runde beginnt, wird er zuerst befragt. Diese Kombination wird vom Moderator für diese

Situation bevorzugt, denn von insgesamt zwölf Kombinationen erfolgen acht zu Beginn einer Runde. Von insgesamt 53 Worterteilungen des Moderators stellen Fragen mit einer Anzahl von 44 den höchsten Anteil dar. Dies bedeutet, dass 80% aller Fremdzuweisungen des Moderators Fragen sind. Demzufolge hat diese Diskussion eher einen Charakter eines Interviews. Welche Unterschiede beim namentlichen Aufruf auftreten, wird im Kapitel über Anrede (Kap. 3.1.7.) untersucht.

3.1.4. Beenden des Redebeitrags

Beim Beenden eines Redebeitrags wird beachtet, ob ein Redebeitrag durch eigene Entscheidung zu Ende geführt wird (Selbstbeendigung) oder ob ein Redebeitrag durch einen Teilnehmer oder eine Teilnehmerin gestört wird. Dabei ist von Interesse, wer daran gehindert wird, seinen oder ihren Redebeitrag zu Ende zu bringen? Wird eher eine Frau in ihrer Ausführung gestört als ein Mann? In der Forschung wird die These vertreten, dass eine Frau nicht in der Lage ist, ihren Redebeitrag selbst zu beenden, weil sie von einem anderen Teilnehmer unterbrochen wird (vgl. Trömel-Plötz 1982).

Tab. 10: Beenden des Redebeitrags

	A	**B**	C	D
durch eigene Entscheidung	9	**10**	8	3
durch Störung	13	**12**	11	19
Gesamtzahl der Beendigungen	22	**22**	19	22

Wie die Tabelle (10) zeigt, werden in dieser Diskussion die meisten Redebeiträge der Teilnehmer gestört. Von insgesamt 85 Beiträgen werden 55 gestört und nur 30 durch eigene Entscheidung beendet. Dies entspricht 65% Störungen und 35% Selbstbeendigungen. Dabei ist zu beobachten, dass der Teilnehmer D mit Abstand am häufigsten in seiner Ausführung der Redebeiträge gestört wird. Von 22 Redebeiträgen kann er nur drei ohne Störung zu Ende bringen. Die restlichen Teilnehmer haben mehr Erfolg, wobei 45% der Beiträge von B, 42% von Teilnehmer C und 41% von A durch eigene Entscheidung und ohne Störung zu Ende gebracht werden. Es ist aber notwendig zu unterscheiden, um welche Art von Störung es sich dabei handelt und ob die Teilnehmer durch diese Störungen irritiert werden und daraufhin ihren Beitrag unterbrechen oder ob sie versuchen, trotz Störung diesen zu beenden. Es reicht nicht aus, nur zu untersuchen, ob der Redebeitrag gestört wird oder nicht, denn es ist kein Kunststück seinen bzw. ihren Redebeitrag zu Ende zu bringen, wenn der Sprecher bzw. die Sprecherin dabei nicht gestört wird. Was viel aussagekräftiger ist, ist die Fähigkeit des Sprechers bzw. der Sprecherin mit Störungen umzugehen und sich sein bzw. ihr Rederecht nicht entreißen zu lassen. Gibt es Unterschiede hinsichtlich des Geschlechts, wer sich in der Ausführung seiner bzw. ihrer Redebeiträge unterbrechen lässt oder nicht? Wer ist mehr in der Lage, trotz Störungen die Redebeiträge zu beenden?

3.1.5. Störungen

Die Analyse von Störungen geht drei verschiedenen Fragestellungen nach. Wer wird von wem gestört? Wer stört wen? und wer versucht vergeblich, wen zu stören? Dabei wird geklärt, wer sich stören lässt und wer nicht. Zuerst muss der Begriff Störung erläutert werden. In meiner Untersuchung sind drei Arten von Störung voneinander zu unterscheiden: Sprecherwechsel ohne Pause, durch Überlappung und durch Unterbrechung. Ein Sprecherwechsel ohne Pause erfolgt, wenn ein Redebeitrag zu Ende ist und eine andere Person das Wort ergreift, ohne eine Pause zwischen den Beiträgen zu hinterlassen. Dabei ist nicht ganz klar, ob die gestörte Person ihren Redebeitrag zu Ende führen konnte oder ob sie diesen weiter ausführen wollte. Ein Sprecherwechsel durch Überlappung setzt Simultaneität von mindestens zwei Personen voraus. Die sprechende Person wird zwar in ihrem Redebeitrag gestört, lässt sich aber das Wort nicht entreißen, sondern führt ihren Redebeitrag zu Ende. Sowohl Überlappungen als auch Sprecherwechsel sind nicht allzu störend im Vergleich zu Unterbrechungen, die den höchsten Grad von Störung aufweisen und als "violations of speakers' turns at talk" (West & Zimmerman 1983:103) definiert werden. Dabei nimmt eine neue Person das Wort an sich und hindert die sprechende Person daran, ihren Redebeitrag zu beenden. Dabei wird vorausgesetzt, dass "two speakers must act: One must begin speaking, and another must stop. If the first speaker does not stop, there is no interruption" (Tannen 1994b:59), sondern eine Überlappung. Eine Überlappung wird generell als etwas Kooperatives dargestellt, während "interruption is a means of social control, an exercise of power and dominance" (ibd.:55). "Unterbrechungen zählen zu den einfachen Dominanzindikatoren" (Gräßel 1991:154). In der Theorie der 'zwei Kulturen' dagegen werden Unterbrechungen differenziert, indem sie entweder als Dominanzsignale oder Involviertheitszeichen bewertet werden. Nicht nur Unterbrechungen werden unterschiedlich eingesetzt, sondern auch die anderen Arten von Störung. Jede Art von Störung kann entweder unterstützend oder nicht unterstützend gebraucht werden, wobei eine unterstützende Störung beim Erhalt des *floors* und eine nicht unterstützende beim Wechsel vorliegt.

3.1.5.1. Wer wird durch wen gestört?

Im Kapitel 3.1.4. wurde untersucht, wer in seinen Redebeiträgen gestört wird; das Ziel dieses Kapitels besteht darin, zu untersuchen, durch wen die Teilnehmer gestört werden und ob es dabei Unterschiede hinsichtlich des Geschlechts gibt?

Tab. 11: Störungen

	A	**B**	C	D
durch den Moderator	13	**9**	10	18
durch Teilnehmer A	—	**1**	1	
durch Teilnehmerin B		—		1
durch Teilnehmer C		**1**	—	
durch Teilnehmer D		**1**		—
Gesamtanzahl	13	**12**	11	19

Von 55 Störungen an den Teilnehmern werden mit großer Mehrheit 50 durch den Moderator und nur fünf durch andere Teilnehmer begangen. Dies ist ein weiterer Beweis, dass die Teilnehmer nicht allzu sehr miteinander interagieren, sondern hauptsächlich mit dem Moderator. Innerhalb der Teilnehmer ist bei der weiblichen Person im Vergleich zu den männlichen Kollegen ein Unterschied hinsichtlich der Quantität von Störungen zu erkennen. Von insgesamt fünf Störungen der Teilnehmer betreffen sie allein drei, wobei sie durch jeden Teilnehmer einmal gestört wird. Die Teilnehmer C und D dagegen werden jeweils nur einmal durch einen anderen Teilnehmer gestört, der Teilnehmer A wird nur durch den Moderator gestört. Sieht die Störung bei allen Teilnehmern gleich aus oder gibt es dabei Unterschiede? Sind diese auf das Geschlecht zurückzuführen?

Tab. 12: Arten von Störungen beim Beenden des Redebeitrags

	A	**B**	C	D
Sprecherwechsel ohne Pause	6	**3**	1	4
durch Überlappung	5	**9**	7	10
durch Unterbrechung	2		3	5
Gesamtanzahl	13	**12**	11	19

Die meist vorkommende Art von Störungen stellen Überlappungen dar. Von insgesamt 55 Störungen werden 31 überlappend gebraucht. Das deutet darauf hin, dass die Sprecher sich nicht unterbrechen lassen, sondern dass sie erst ihre Beiträge beenden, bevor sie einen neuen Sprecher oder eine neue Sprecherin - in den meisten Fällen ist es der Moderator - zu Wort kommen lassen. Daneben werden 14 Sprecherwechsel ohne Pause und nur 10 Unterbrechungen benutzt, wobei die Teilnehmerin B kein einziges Mal unterbrochen wird. Dieses Ergebnis steht im Widerspruch zu der in der Forschung stark verbreiteten These, dass Frauen systematisch von Männern unterbrochen werden (vgl. West & Zimmermann 1975; Trömel-Plötz 1982; Tannen 1993a). In dieser Diskussion kann die weibliche Person immer ihre Redebeiträge zu Ende führen. Sie wird nicht durch Unterbrechungsversuche verunsichert, so dass sie die anderen übernehmen lässt, wie es Trömel-Plötz in ihren Untersuchungen beobachtete (vgl. 1982:187), sondern sie beendet all ihre Beiträge trotz Störungen.

Im nächsten Schritt werden die Arten der Störungen näher untersucht, um deren unterschiedliche Funktionen zu zeigen. Bei welchen Teilnehmern werden kooperative und bei welchen unkooperative Störungen benutzt?

(2) kooperative Funktion beim Sprecherwechsel ohne Pause
D: *we have lost $120 billion from our defense budget*
M: *In how long a period?*

(3) unkooperative Funktion beim Sprecherwechsel ohne Pause
A: *America is a paper tiger that's interested only in trade*
M: *Eleanor?*

Die Beispielsätze (2) und (3) demonstrieren den unterschiedlichen Gebrauch von Sprecherwechsel ohne Pause. Im ersten Beispiel verhält sich der Moderator kooperativ gegenüber dem Teilnehmer D, indem er ihn durch seine Nachfrage unterstützt und ihm das Rederecht wieder erteilt. Trotz Sprecherwechsel bleibt dem Teilnehmer D sein *floor* erhalten. Beim zweiten Beispiel dagegen verhält sich der Moderator nicht kooperativ. Er unterstützt den Teilnehmer A nicht, sondern vergibt das Rederecht an die nächste Sprecherin. Es kommt zu einem *floor*-Wechsel. Alle Störungen, die den Teilnehmer D betreffen, erweisen sich nach dieser Analyse als unterstützend, wie die Tabelle (13) zeigt.

Tab. 13: Sprecherwechsel ohne Pause

	A	**B**	C	D
unterstützend	3	**2**	1	4
nicht unterstützend	3	**1**		

An den nächsten Beispielsätzen (4) und (5) wird der Unterschied zwischen unterstützenden (kooperativen) und nicht unterstützenden (unkooperativen) Überlappungen veranschaulicht:

(4) kooperative Überlappung

D: *Weapons, ships, tanks, missiles, down* [*50 to 60 percent.*

M: [*How about personnel?*

(5) unkooperative Überlappung

C: *But that's not the primary function of this trip* [*I think it's a seven.*

M: [*What do you think?*

Überlappendes Sprechen stellt generell etwas Kooperatives dar, ein Mittel, um Gemeinsamkeit, Teilnahme und Verbundenheit zu demonstrieren (vgl. Tannen 1993a:222), was sich auch beim Behandeln des Themas niederschlägt. Dieses wird dabei nicht gewechselt, sondern vertieft (vgl. ibd.:218), wie das erste Beispiel zeigt. Der Moderator stellt dem Teilnehmer D eine Frage, die das Thema betrifft. Obwohl auch im zweiten Beispiel das Thema vom Moderator beibehalten wird, verhält sich der Moderator gegenüber dem Teilnehmer C nicht kooperativ. In diesem Fall wartet der Moderator den Beitrag von C nicht ab. Während C noch dabei ist, seinen Beitrag zu beenden, vergibt der Moderator das Rederecht an einen anderen Teilnehmer. Demzufolge zeichnet sich eine unterstützende Überlappung durch das Beibehalten des *floors* aus, und eine störende Überlappung zieht einen *floor*-Wechsel mit sich. Tannen schreibt einer Überlappung eine weitere Funktion zu, und zwar die Möglichkeit, die Konversation aufrechtzuerhalten, ohne ein Schweigen zu riskieren (vgl. ibd.:224). In dieser Diskussion werden Überlappungen sehr häufig und sowohl in einer unterstützenden als auch in einer nicht unterstützenden Funktion benutzt, wobei ihre Verteilung ziemlich ausgeglichen ist.

Tab. 14: Überlappungen

	A	**B**	C	D
unterstützend	2	**5**	4	6
nicht unterstützend	3	**4**	3	4

Auch Unterbrechungen werden sowohl unterstützend als auch nicht unterstützend eingesetzt, wie die nächsten Beispiele (6) und (7) zeigen:

(6) unterstützende Unterbrechung
C: *I mean this is all really small potatoes John. I mean that* [*I-*
M: [*What's small potatoes?*
C: *This whole Vanity Fair photo layout deal*

(7) nicht unterstützende Unterbrechung
C: *She was using it as a backdrop like Patton* [*that's-*
M: [*Well it was little bit of an Andy Warhol self...*

Obwohl eine Unterbrechung eine Verletzung des Rederechts der sprechenden Person darstellt und ein Nichtbeenden ihres Beitrags mit sich zieht, gibt es Fälle, wie z.B. im Beispielsatz (6), indem eine Unterbrechung nicht als Demonstration der Macht gilt. Diese Unterbrechungen werden unterstützend gebraucht, in der Bedeutung einer kurzen Störung, die nur zu einem kurzen Zwischenspiel des Moderators dient. Der Teilnehmer C wird zwar für einen Moment in seinen Ausführungen unterbrochen, kann aber nach der Nachfrage des Moderators mit seinen Ausführungen weitermachen und sie beenden. Diese Art von Unterbrechung führt nicht zum Verlust des *floors*. Ein prototypischer Fall einer nicht unterstützenden Unterbrechung führt dagegen zum Verlust des Rederechts und des *floors*, wie das Beispiel (7) zeigt. Tannen bestimmt eine Unterbrechung hinsichtlich des Themas, denn ihrer Meinung nach liegt eine Unterbrechung vor, wenn eine Person der anderen ins Wort fällt und ein völlig anderes Thema anschneidet, obwohl der erste Sprecher seinen Redebeitrag noch nicht zu Ende gebracht hat (vgl. 1993a:209). Die Funktion dieser Art von Unterbrechung liegt darin, die Konversation in eine andere Richtung zu drängen (vgl. ibd.:235). In dieser Fernsehdiskussion lassen sich sehr wenig Unterbrechungen an den Teilnehmern beobachten. Insgesamt sind es 10 Unterbrechungen, die in den meisten Fällen durch den Moderator begangen werden und in 7 Fällen eine unterstützende Funktion aufweisen. Dies zeigt eine starke Involviertheit des Moderators (*high involvement style*) in dieser Diskussion,[4] aber auch seine Dominanz gegenüber den Teilnehmern. Die Annahme, dass "men dominate women by interrupting them", kann in dieser Diskussion nicht bestätigt werden, da die weibliche Teilnehmerin von Unterbrechungen nicht betroffen ist.

Tab. 15: Unterbrechungen

	A	**B**	C	D
unterstützend	1		2	4
nicht unterstützend	1		1	1

Die folgende Tabelle (16) fasst alle Störungen, die an den Teilnehmern begangen werden, zusammen. Dabei fällt auf, dass alle Teilnehmer mit Ausnahme des Teilnehmers A in ihren Störungen mehr unterstützt als tatsächlich gestört werden. In extremster Form ist dies beim Teilnehmer D zu beobachten, bei dem von insgesamt 19 Störungen 14 in unterstützender Funktion gebraucht werden.

[4] Tannen stellt diesem Begriff den *high considerateness style* entgegen. Beide Stile sind ihrer Meinung nach kulturabhängig und nicht auf das Geschlecht zurückzuführen (vgl. 1984).

Tab. 16: Zusammenfassung aller Störungen

	A	**B**	C	D
Störung	13	**12**	11	19
unterstützend	6	**7**	7	14
nicht unterstützend	7	**5**	4	5

Mit Berücksichtigung der unterschiedlichen Funktionen von Störungen ergibt sich eine neue Verteilung beim Beenden der Redebeiträge. Dadurch dass eine Störung nicht sofort mit einer nicht unterstützenden Störung gleichgesetzt wird - die Analyse zeigt, dass es auch unterstützende Störungen gibt - kommt es zu gravierenden Verschiebungen. Als angemessen beendet gelten Beiträge, die durch eigene Entscheidung oder eine unterstützende Störung beendet werden; unangemessenes Beenden kommt durch eine nicht unterstützende Störung zustande, im extremsten Fall durch eine Unterbrechung. Die Differenzierung der Störungen bewirkt eine Umkehrung der Verhältnisse. Die Zahl der angemessenen Beendigungen steigt von 34% vor der Analyse auf 75% danach. Die Verteilung ist bei allen Teilnehmern ziemlich ausgeglichen bis auf den Teilnehmer A, der im Vergleich zu den anderen die meisten unangemessenen Beendigungen aufweist.

Tab. 17: Angemessenes oder unangemessenes Beenden des Redebeitrags

	A	**B**	C	D
angemessenes Beenden	15	**17**	15	17
unangemessenes Beenden	7	**5**	4	5
Gesamtanzahl	22	**22**	19	22

3.1.5.2. Wer stört wen?

Im Kapitel 3.1.3.1. wurde bereits untersucht, wie viele selbständige Wortergreifungen durch eine Störung entstanden sind. In diesem Kapitel wird einerseits die Art der Störung untersucht und andererseits steht im Vordergrund, wen die Störungen betreffen.

Tab. 18: Begangene Störungen

	A	**B**	C	D
an Moderator	8	**3**	3	3
an Teilnehmer A	—			
an Teilnehmerin B	1	—	1	1
an Teilnehmer C	1		—	
an Teilnehmer D		**1**		—
Gesamtanzahl	10	**4**	4	4

Dass eine rege Interaktion zwischen dem Moderator und den Teilnehmern stattfindet, zeigt die hohe Anzahl der Störungen, die am Moderator begangen werden. Von insgesamt 22 Störungen betreffen ihn 17, wobei die meisten durch den Teilnehmer A begangen werden. Mit seinen 10 Störungen fällt er aus dem Rahmen, denn die anderen Teilnehmer zeigen mit jeweils 4 Störungen ein identisches Verhalten. Von diesen 4 Störungen werden jeweils 3 am Moderator begangen und je einmal an einem anderen Teilnehmer. Auch dabei zeigt der Teilnehmer A ein unterschiedliches Verhalten, indem er zwei verschiedene Teilnehmer stört. Die nächste Tabelle (19) zeigt, welche Störungen die Teilnehmer bei der selbständigen Wortergreifung verwenden.

Tab. 19: Arten von Störungen bei der Eigenübernahme des Redebeitrags

	A	**B**	C	D
ohne Pause	2			3
durch Überlappung	4	**2**	3	1
durch Unterbrechung	4	**2**	1	
Gesamtzahl der Störungen	10	**4**	4	4

Mit Ausnahme des Teilnehmers D benutzen alle Teilnehmer entweder Überlappungen oder Unterbrechungen, um das Rederecht zu erhalten. Diese Störungen werden in den meisten Fällen nicht unterstützend gebraucht, denn die Teilnehmer beabsichtigen mit ihrem neuen Redebeitrag den Gewinn des *floors*. Der Teilnehmer A wartet mit seinen Selbstergreifungen selten einen passenden Augenblick ab, sondern setzt immer ein, wenn andere Personen mit ihren Beiträgen noch nicht zu Ende sind. Ihm gelingt es in 4 Fällen, das Wort an sich zu reißen und die sprechende Person an der Ausführung ihres Redebeitrags zu hindern. In dieser Diskussionsrunde sind es der Moderator und er, die am häufigsten unterbrechen. In den meisten Fällen unterbrechen sie sich dabei gegenseitig. Gegenüber den Teilnehmern verhält sich der Teilnehmer A kooperativ, indem er in beiden Fällen, in denen er die Teilnehmerin B und den Teilnehmer C stört, mit Überlappungen seine Teilnahme und Verbundenheit demonstriert, ein Verhalten, das Tannen Frauen zuschreibt (vgl. Tannen 1993a:222). Obwohl die Teilnehmerin auch in der Lage ist, andere Personen zu unterbrechen, handelt es sich dabei nur um kurze Einwände oder kurze Nachfragen, die nicht zu einem *floor*-Gewinn führen. Es entsteht der Eindruck, dass diese Unterbrechungen von den unterbrochenen Personen nicht als bedrohlich wahrgenommen werden und als harmlose Manöver übergangen werden. West (1979) schreibt dies den meisten Unterbrechungen zu, die von Frauen initiiert werden (zitiert in Trömel-Plötz 1982:113).

3.1.5.3. Unterbrechungsversuche

Unterbrechungsversuche werden untersucht, um herauszufinden, wem es nicht gelingt, einen Redebeitragswechsel herbeizuführen (vgl. Samel 1995:167). Kann sich eine Frau weniger gut durchsetzen als ein Mann? Liegt es daran, dass ein Mann sich von einer Frau nicht unterbrechen lässt? Es muss untersucht werden, wer unterbrochen werden soll und wer es nicht zulässt.

Tab. 20: Unterbrechungsversuche

	A	**B**	C	D
an Moderator	7	**10**	3	4
an Teilnehmer A	—	**4**		
an Teilnehmerin B		—		2
an Teilnehmer C			—	
an Teilnehmer D	1	**5**	1	—
Gesamtanzahl	8	**19**	4	6

Die rege Interaktion zwischen den Teilnehmern und dem Moderator führt dazu, dass die meisten Unterbrechungsversuche der Teilnehmer am Moderator begangen werden. Alle Teilnehmer versuchen, ihn mehrmals zu unterbrechen. Dies versuchen die restlichen Teilnehmer auch beim Teilnehmer D, der sich aber nicht unterbrechen und damit sein Rederecht entreißen lässt. Zum Teil geschieht es mit Hilfe des Moderators ("let him finish"). Auch der Teilnehmer A lässt sich sein Rederecht nicht entreißen. Im Hinblick auf Unterbrechungsversuche lässt sich ein Unterschied zwischen der weiblichen Person und den männlichen Kollegen beobachten. Sie unternimmt mit Abstand die meisten Unterbrechungsversuche, die zu keinem Erfolg führen. Sie kann sich gegenüber ihren männlichen Kollegen weniger gut durchsetzen als die anderen Teilnehmer. Der Moderator und die Teilnehmer A und D hindern sie daran, einen Redebeitragswechsel herbeizuführen und zu Wort zu kommen. Ihre Unterbrechungsversuche werden in vielen Fällen einerseits mit der Form *well* eingeleitet und andererseits wiederholt sie immer wieder den Anfang ihres Redebeitrags, wobei ihre Stimme mit zunehmender Zahl der Wiederholungen immer lauter wird. Eine andere Strategie verfolgt der Teilnehmer A. Er ruft den Moderator namentlich auf, um das Rederecht zu erlangen. Der Teilnehmer C ist der einzige in dieser Diskussionsrunde, der nicht nur bei der selbständigen Wortergreifung, sondern auch bei Fremdzuweisung des Moderators einen Unterbrechungsversuch einleitet. Dies resultiert daraus, dass sein Einsatz zu früh erfolgt und er das Ende des Moderators nicht abwartet.

3.1.6. Wiedererlangen des Rederechts

In diesem Kapitel wird untersucht, wer am besten in der Lage ist, nach einer Störung das Rederecht wiederzuerlangen. Die sprechende Person wurde in der Ausführung ihres Redebeitrags durch eine andere Person gestört oder sogar unterbrochen und darf nun weitermachen (*having the floor*) (vgl. Linke et al. 1991:265). Im Kapitel 3.1.5.1. wurden bereits unterstützende Störungen untersucht, die den Erhalt des *floors* implizieren. Nun werden selbständige Worterteilungen differenziert, inwieweit sie das Wiedererlangen des Rederechts oder eine 'neue' Selbstwahl darstellen.

Tab. 21: Wiedererlangen des Rederechts

	A	**B**	C	D
Wiedererlangen des Rederechts	4	**1**	4	7
neues Rederecht	6	**5**	4	1
Gesamtanzahl	10	**6**	8	8

Von allen Teilnehmern ist es die Teilnehmerin B, die am wenigsten das Rederecht wiedererlangen kann. In der Forschung wird angenommen, dass es für die Frau einfacher ist, neues Rederecht zu erlangen als ihr Rederecht zu verteidigen (*holding the floor*). Trömel-Plötz ist der Meinung, dass es schon schwierig für die Frau ist, zu Wort zu kommen, aber viel schwieriger, das Wort zurückzubekommen, nachdem sie unterbrochen wurde (vgl. 1982:183). In dieser Diskussion wird die Frau zwar kein einziges Mal unterbrochen, aber ihr gelingt es nur einmal, nach einer Störung das Rederecht wiederzuerlangen. Beim Teilnehmer D verhält sich die Situation entgegengesetzt. Er und die Teilnehmerin B verhalten sich komplementär zueinander. Bei fast allen seinen Selbstergreifungen handelt es sich um das Wiedererlangen des Rederechts und nur einmal um neues Rederecht. Dies ist dadurch zu erklären, dass er die meisten Störungen und die meisten Unterbrechungen an seinen Redebeiträgen aufzuweisen hat. Er ist aber in der Lage, sein Rederecht wiederzuerlangen. Am deutlichsten wird dies bei seinen Unterbrechungen. Er wird insgesamt fünfmal unterbrochen, aber ihm gelingt es in 4 Fällen, sein Rederecht wiederzuerlangen und seinen Redebeitrag zu Ende auszuführen. Der Teilnehmer D kann von allen Teilnehmern am besten mit Unterbrechungen umgehen. Bei den Teilnehmern A und C findet sich eine ausgeglichene Verteilung.

3.1.7. Anrede

Wie bereits im Kapitel 3.1.3.2. gezeigt wurde, spielt die Anrede bei der Worterteilung des Moderators eine große Rolle. Der Moderator redet die Teilnehmer direkt an und befragt sie nach ihrer Meinung. Von insgesamt 24 namentlichen Anreden des Moderators werden 20 zur Worterteilung benutzt. Das Anliegen dieses Kapitels besteht darin, ob die Frau auf die gleiche Art und Weise wie ihre männlichen Kollegen angesprochen wird. Im ersten Schritt wird unterschieden, ob die aufgeforderte Person namentlich angeredet wird oder nicht, der zweite Schritt differenziert die Namensnennung. Wird die aufgeforderte Person mit dem Vor- und Nachnamen oder nur mit dem Vornamen angeredet? Diese Unterscheidung beinhaltet Statusunterschiede, wobei derjenigen Person mehr Status und Respekt entgegengebracht wird, die mit dem Vor- und Nachnamen angeredet wird. "Anredeformen gehören zu den gebräuchlichsten Methoden, um Status und Zuneigung zu demonstrieren" (Tannen 1994a:123), wobei die Anredeform der Zuneigung bzw. der Solidarität sich durch einen reziproken Gebrauch informeller oder vertrauter Anredeformen auszeichnet, das Statusprinzip dagegen durch einen nonreziproken Gebrauch vertrauter oder förmlicher Anrede. Der Kommunikationsteilnehmer mit niederem Status benutzt die respektvolle Anrede wie Titel oder Höflichkeitspronomen, der Kommunikationsteilnehmer mit höherem Status benutzt die informelle Anrede wie den Vornamen (vgl. Henley 1988:104f). Die feministische Forschung geht bei der Anrede von Frauen und Männern von einer asymmetrischen Namensnennung aus, wobei "more women than men are called by first name only" (Thorne & Henley 1975:16).

Tab. 22: Anreden der Teilnehmer (von) und des Moderators (an)

	A		**B**		C		D	
	von	an	von	an	von	an	von	an
namentlich	11	9	**1**	**10**	2	1	3	4
mit dem Vor- und Nachnamen		5						1
mit dem Vornamen	11	4	**1**	**10**	2	1	3	3
Gesamtanreden	14	16	**3**	**15**	5	15	3	19

Bei der Anrede des Moderators an die Teilnehmer lassen sich signifikante Unterschiede beobachten, wobei jede Person auf eine andere Art und Weise angeredet wird. Der Teilnehmer A und die Teilnehmerin B werden im Gegensatz zu den restlichen Teilnehmern in den meisten Fällen namentlich angeredet mit dem Unterschied, dass die Frau nur mit ihrem Vornamen angeredet wird. Sowohl sie als auch der Teilnehmer C werden kein einziges Mal mit dem Vor- und Nachnamen angeredet, wie es bei den Teilnehmern A und D der Fall ist. Dadurch erscheint der Eindruck, dass der Moderator ihnen mehr Respekt und Status entgegenbringt als der Teilnehmerin B und dem Teilnehmer C. Der Teilnehmer C fällt außerdem aus dem Rahmen, denn er wird nur ein einziges Mal namentlich angeredet.

Zwischen dem Moderator und den Studiogästen herrscht allgemein ein vertrauter Ton. Wenn der Moderator namentlich angeredet wird, dann nur mit seinem Vornamen (John). Die Situation entspricht daher nicht einer formellen, sondern eher einer vertrauten Situation. Trotzdem findet nicht bei allen Teilnehmern ein reziproker Austausch von vertrauter Anredeformen. Es ist interessant zu beobachten, dass nicht der Moderator mit seinem Vor- und Nachnamen angeredet wird, sondern dass er derjenige ist, der zwei seiner Teilnehmer auf diese Art und Weise anredet. Daher stellt sich die Frage, warum er nicht alle Teilnehmer gleich behandelt. Dies muss damit zusammenhängen, dass die Teilnehmer einen unterschiedlichen Status haben, bzw. dass für sie ein unterschiedlicher Status konstruiert wird. Die unterschiedliche Anrede des Moderators konstruiert einen höheren Status für die Teilnehmer A und D und einen niederen für die Teilnehmer C und die Teilnehmerin B.

Dass die Anrede eng an die Worterteilung verknüpft ist, zeigt die hohe Anzahl der Anreden beim Teilnehmer A. Er redet den Moderator direkt an, um seine Aufmerksamkeit auf sich zu lenken und um zu signalisieren, dass er etwas zur Diskussion beitragen und damit das Rederecht erhalten möchte. Der Moderator redet wiederum die Teilnehmer A und B direkt an, um ihnen das Rederecht zu erteilen. Jemanden direkt ansprechen bedeutet ganz allgemein, von der angesprochenen Person Aufmerksamkeit zu verlangen. Eine direkte Anrede mit Namensnennung ist somit eine indirekte Bitte um Aufmerksamkeit, die Sicherstellung, dass sich die betreffende Person angesprochen fühlt, und die Aufforderung an die angesprochene Person, ihren Teil zum Gelingen der intendierten Sprechhandlung beizutragen (vgl. Hummel 1984:272). Daher ist auch die Anzahl der Anreden des Moderators wesentlich höher als die der Teilnehmer, mit Ausnahme des Teilnehmers A, denn der Moderator verbindet die direkte Anrede mit der Wortvergabe.

Was die Anreden zwischen den Studiogästen anbelangt, ist ihre Anzahl sehr gering. In der gesamten Diskussion lassen sich nur vier direkte Anreden beobachten, wovon jeweils zwei durch die Teilnehmer A und C ausgeführt werden. Dabei machen sie einen unterschiedlichen Gebrauch, der Teilnehmer A benutzt in beiden Fällen den Vornamen. Bei den Personen, die angesprochen werden, handelt es sich um die Teilnehmerin B und den Teilnehmer C. Ist das ein Zeichen vom niederen Status? Ist es ein Zufall, dass die Teilnehmer B und C sowohl vom Moderator als auch vom Teilnehmer A anders angeredet werden als der Rest? Leider reichen die Daten nicht aus, um ein eindeutiges Ergebnis zu erzielen. Es wären Daten notwendig, in denen die Teilnehmer B und C die Teilnehmer A und D anreden. Die Funktion der Anreden zwischen den Teilnehmern divergiert von der des Moderators. Diese werden nicht zur Aufforderung benutzt, sondern sind als Kommentar zu den Beiträgen gedacht. Diese Beiträge haben den Charakter von *side comments*; weil sie aber unter anderem eine Unterbrechung des Moderators bewirken, werden sie als Redebeiträge bewertet.

Ein anderer Aspekt liefert die fehlenden Belege dazu, dass zwischen den Teilnehmern ein unterschiedlicher Status vorliegt. Dieser Aspekt betrifft die Art und Weise, wie über andere gesprochen wird. Dabei ist zu beobachten, dass die Teilnehmer A und D nur Vornamen verwenden, wenn sie über andere Teilnehmer sprechen, während die Teilnehmer B und C auch den Vor- und Nachnamen benutzen. Den benutzen beide, wenn sie über den Teilnehmer A sprechen. Es scheint, als ob sie sich dem Teilnehmer A gegenüber als untergeordnet sehen und auf diese Weise ihren Respekt ausdrücken wollen. Die Teilnehmerin B vollzieht dies in einem größeren Umfang als der Teilnehmer C, wobei sie in zwei von drei Fällen diese Form benutzt, der Teilnehmer C dagegen nur in einem von drei Fällen. Die Analyse zeigt, dass Frauen in der Tat weit häufiger beim Vornamen genannt werden als Männer (vgl. Tannen 1994a:124).

3.1.8. Minimalreaktionen (*minimal responses*)

Minimalreaktionen (*minimal responses*), nach der Terminologie von Henne/Rehbock (1979) Rückmeldungspartikel genannt, sind kurze Äußerungen des Hörers bzw. der Hörerin, die in die Redebeiträge anderer Personen eingeschoben werden. Besonders Minimalbestätigungen wie *yes, umhm, right, okay* stellen nichtdominante Formen des Gesprächsverhaltens dar und nach Fishman und Zimmerman & West haben sie eine unterstützende Funktion ("support work") (vgl. Samel 1995:190). Sie drücken Interesse und Aufmerksamkeit aus und demonstrieren Teilnahme an der Konversation und sorgen auf diese Weise für ein fortlaufendes Feedback (vgl. Tannen 1993a:152). Linke et al. bezeichnen sie als Höreraktivität und unterscheiden dabei "aufmerksamkeitsbezeugende" und "kommentierende" Hörersignale (vgl. 1991:269). Minimalreaktionen können sowohl durch verbale als auch nonverbale Mittel ausgedrückt werden.

In der Forschung finden sich dazu eindeutige Ergebnisse. Der Gebrauch von Minimalbestätigungen wird vor allem Frauen zugeschrieben, die auf diese Weise Zuhörerarbeit leisten. In der Theorie der 'zwei Kulturen' werden Frauen und Männern unterschiedliche Funktionen beim Gebrauch von Minimalbestätigungen zugeschrieben, die unvermeidlich zu Missverständnissen führen. Frauen äußern Minimalbestätigungen, um zu zeigen, dass sie zuhören, während Männer mit Minimalbestätigungen eine Zusage verbinden. Für eine Frau bedeutet "mhm" "Ich höre zu, mach weiter", ein Mann interpretiert dies mit "Ich bin einverstanden" und wundert sich, wenn die Frau ihm später doch widerspricht und nicht seiner Meinung ist (vgl. Samel 1995:192). Nach Tannen liegen die Gründe darin, dass Frauen mit ihren Minimalbestätigungen auf die Beziehungsebene des Gesprächs zielen, während Männer Minimalbestätigungen auf den Inhalt des Gesprächs beziehen (vgl. 1994a:174f). Frauen sagen auch oft "Tut mir leid" nicht im Sinne einer Entschuldigung, sondern um Sympathie und Aufmerksamkeit auszudrücken (vgl. Tannen 1993a:256). Männer fassen dies als eine 'echte' Entschuldigung auf, die in ihnen den Eindruck von Ohnmacht und Selbstherabsetzung weckt, denn wer sich entschuldigt, wird als unterlegen aufgefasst (vgl. ibd.:255).

Samel unterscheidet zwei verschiedene Funktionen von Minimalreaktionen (vgl. 1995:172). Einerseits haben sie eine unterstützende Funktion und bestätigen das bestehende Rederecht und die Entwicklung des Themas. Sie werden simultan eingeworfen oder in einer Pause platziert. Andererseits können sie eingesetzt werden, um Themenkontrolle auszuüben, indem sie verzögert gegeben werden (*delayed minimal responses*) oder ausbleiben. Diese Art von Funktion, die nach Fishman und Zimmerman & West Desinteresse ausdrückt (vgl. Samel 1995:173), spielt in einer Interaktion von zwei Personen eine wichtigere Rolle als in einer Diskussionsrunde dieser Ordnung, wie sie hier vorliegt. Auch wenn Minimalreaktionen am Ende einer Äußerung platziert werden, können sie eine unterstützende Funktion haben, die Samel als eine "Continuer-Funktion" bezeichnet (vgl. 1995:175). Daneben gibt es Minimalreaktionen, die als Vorreiter für einen anschließenden Unterbrechungsversuch benutzt werden und demzufolge in dem dazugehörigen Kapitel (siehe Kap. 3.1.5.3.) besprochen werden.

Tab. 23: Minimalreaktionen

	A	**B**	C	D
Minimalreaktionen	3	**8**	7	3
aufmerksamkeitsbezeugend	2	**6**	3	1
kommentierend	1	**2**	2	
nonverbal			2	2

Der Gebrauch von Minimalreaktionen trägt dazu bei, die Teilnehmer in zwei Gruppen aufzuteilen. Wie bei der Analyse der Anrede lässt sich ein identisches Verhalten bei den Teilnehmern B und C auf der einen Seite und bei den Teilnehmern A und D auf der anderen Seite beobachten. Das Verhalten der Teilnehmer B und C ist durch einen hohen Gebrauch von Minimalreaktionen geprägt und zeigt deren starke Involviertheit in das Geschehen, während die Teilnehmer A und D sich dagegen reserviert in ihren Minimalreaktionen verhalten. Sie hören auch aufmerksam zu, aber zeigen ihre Reaktionen nicht so offen wie die Teilnehmer B und C. Einen wichtigen Unterschied zwischen den beiden gibt es bei der Art und Weise, wie sie ihre Minimalreaktionen benutzen. Die Teilnehmerin zeigt nur verbale Reaktionen, während der Teilnehmer C auch von nonverbalen Gebrauch macht, die sich auch beim Teilnehmer D in zwei von drei Fällen beobachten lassen und die nur in einer Videoaufzeichnung sichtbar sind.

Dass Frauen kooperativ und auf andere bezogen sind (vgl. Tannen 1993a:161), wird in dieser Diskussionsrunde durch die Teilnehmerin B demonstriert. Sie verhält sich am kooperativsten gegenüber den anderen Teilnehmern, indem sie ihre Kollegen mit ihren Minimalbestätigungen unterstützt. Die anderen Teilnehmer verhalten sich auch relativ kooperativ, indem sie in den meisten Fällen einen Gebrauch von "aufmerksamkeitsbezeugenden" Hörersignalen machen, jedoch nicht in dem Umfang der Teilnehmerin. "Kommentierende" Hörersignale kommen nur vereinzelt vor und hauptsächlich bei den Teilnehmern B und C. Dies stimmt mit der Analyse im Kapitel 3.1.2. überein, in der *side comments*, die den kommentierenden Minimalreaktionen ähnlich sind, nur bei den Teilnehmern B und C zu beobachten waren. Doch es ist Vorsicht geboten, denn Minimalreaktionen können auch negativ empfunden werden. Es kann störend sein, wenn eine Person zu fast jedem Beitrag entweder einen Kommentar oder eine Bestätigung liefert.

Bis jetzt wurde beschrieben, wer Minimalreaktionen vergibt, doch es spielt auch eine Rolle, wer sie erhält. Handelt es sich dabei immer um dieselbe Person? Nach Samel bekommen statushohe Personen häufiger Minimalbestätigungen als statusniedrige (vgl. 1995:191).

Tab. 24: Wer erhält Minimalreaktionen?

	M	A	**B**	C	D
von Teilnehmer A	1	—	**2**		
von Teilnehmerin B	3	3	—	2	
von Teilnehmer C	3		**2**	—	2
von Teilnehmer D	3				—
Gesamtanzahl	10	3	**4**	2	2

Von insgesamt 21 Minimalreaktionen, die in dieser Diskussion von den Teilnehmern vergeben werden, erhält der Moderator die meisten, was nahezu der Hälfte aller Minimalreaktionen entspricht. Alle Teilnehmer erhalten als Minimum je zwei Minimalreaktionen, wobei sie diese immer nur von einer Person erhalten. Die Teilnehmerin stellt eine Ausnahme dar, da sie von zwei verschiedenen Personen je zwei Minimalreaktionen erhält. Von Teilnehmer A erhält sie simultan eingeworfene Minimalbestätigungen, als sie über ihn spricht, von Teilnehmer C erhält sie kurze Kommentare zu ihren Beiträgen. Sie wiederum vergibt ihre Kommentare nur an den Moderator, ihre Minimalbestätigungen erhalten die Teilnehmer A und C. Die Tatsache, dass sie keine Minimalbestätigungen an Teilnehmer D vergibt, macht deutlich, dass sie sich mit ihrer Vergabe von Minimalbestätigungen auf den Inhalt der Redebeiträge bezieht und nicht auf die Beziehungsebene, wie es Tannen beschreibt (vgl. Tannen 1994a:174f). Sie unterstützt nur dann die Personen, wenn sie mit dem Inhalt dieser Beiträge übereinstimmt, was bei Teilnehmer D nicht der Fall ist. Sie ist oft anderer Meinung und versucht mehrmals, ihm zu widersprechen. Der Teilnehmer D vergibt seine Minimalreaktionen nur an den Moderator, die anderen Teilnehmer erhalten keine, weil er oft anderer Meinung ist. In dieser Diskussionsrunde beziehen sich alle Teilnehmer mit ihren Minimalreaktionen auf den Inhalt der Redebeiträge, mit dem Unterschied, dass die Teilnehmer B und C ihre Reaktionen viel offener zeigen.

3.1.9. Fragen

Der Gebrauch von Fragen wird in der Forschung einstimmig Frauen zugeschrieben. In den meisten Untersuchungen wird beobachtet, dass Frauen generell mehr Fragen als Aussagen formulieren, und zwar Fragen jeglicher Art (vgl. Samel 1995:192).

Während die Ergebnisse aus den ersten feministischen Untersuchungen im Vergleich zu den heutigen gleich geblieben sind, hat sich ihre Bewertung im Hinblick auf das Fragenstellen positiv geändert. Der Gebrauch von Fragen wird nicht mehr wie bei Lakoff (1975) als Zeichen von Unsicherheit im Verhalten der Frau bewertet, sondern als Gesprächsarbeit. Frauen stellen Fragen, um "eine Reaktion auf ihre Äußerungen zu bekommen" (Fishman 1984:135). Frauen stellen demzufolge keine Informationsfragen, wie Männer es tun, sondern Behauptungen, die als Fragen formuliert sind. Auf diese Weise versuchen sie, ihrem Gegenüber eine Antwort zu entlocken. Das nächste Beispiel, das von Trömel-Plötz (1982:98) entnommen ist, verdeutlicht den Unterschied:

(8) Meinst du nicht auch, dass das nur ein Vorwand ist?
Das ist nur ein Vorwand.

Im Gegensatz zu einer Aussage verlangt eine Frage im Normalfall eine Antwort oder zumindest eine Reaktion. Wenn also Frauen Fragen stellen, dann halten sie das Gespräch in Gang. "Die Funktion einer Frage ist also u.a. zu garantieren, dass eine Reaktion kommt, die eventuell ausbliebe, wenn die Frage als Behauptung formuliert wäre" (Trömel-Pötz 1982:107). Auch in der Theorie der 'zwei Kulturen' werden dem Gebrauch von Fragen bei Frauen und Männern unterschiedliche Ziele zugesprochen. Frauen stellen Fragen, um das Gespräch in Gang zu halten, während Männer dies tun, um neue Informationen zu erhalten. Der unterschiedliche Gebrauch zeigt, dass Frauen stärker an der Metaebene einer Konversation und Männer stärker an der Mitteilungsebene interessiert sind (vgl. Tannen 1993a:153). Coates schreibt dem Gebrauch von Fragen zwei Funktionen zu, wobei "questions oblige the addressee both to produce an answer, and to produce an answer that is conversationally relevant. In other words, questions control what the next speaker is able to say" (^{2}1993:123). Neben Themeneinführung und Themenbestimmung stellt Samel zwei weitere unterschiedliche Intentionen des Fragenstellens vor (vgl. 1995:193f). Dazu gehört der Gebrauch von Unschärfemarkierungen (*hedges*) und Rückversicherungsfragen (*tag questions*), wobei Rückversicherungsfragen in der Analyse aufgrund ihres Nichtvorkommens in der Diskussion keine Rolle spielen.

Tab. 25: Fragen

	M	A	**B**	C	D
Fragen	56	2	**4**	5	1

In der Diskussion lassen sich Fragen mit großer Mehrheit auf der Seite des Moderators und nur vereinzelt bei den Teilnehmern beobachten, was auf die Konzeption dieser Diskussionsrunde zurückzuführen ist. Wie bereits mehrmals erwähnt, entspricht diese eher einem Interview, bei der der Moderator den Interviewer darstellt, der seine Interviewpartner nacheinander zu ihren Meinungen befragt. Im Verlauf der Diskussion stellt der Moderator seinen Studiogästen insgesamt 56 Fragen, die inhaltlich hauptsächlich zur Themeneinführung und Themenbestimmung dienen. Zusätzlich zum inhaltlichen muss auch der formale Aspekt hinzugezogen werden. Von großer Bedeutung ist der Zeitpunkt, wann eine Frage gestellt wird. Dabei gibt es zwei Möglichkeiten: entweder zu Beginn oder innerhalb eines *floors*. Der Moderator hat demzufolge mit seinen Fragen die Möglichkeit, einerseits einen neuen Sprecher bzw. eine neue Sprecherin zu bestimmen und andererseits durch Nachfragen das Rederecht des Sprechers bzw. der Sprecherin zu bestätigen. Der Moderator macht von beiden Möglichkeiten Gebrauch, wobei die Fragen zu Beginn eines neuen *floors* quantitativ überwiegen. Diese Unterscheidung ist von Nutzen, um den unterschiedlichen Gebrauch des Fragenstellens bei der Teilnehmerin B und den restlichen Teilnehmern in dieser Diskussionsrunde zu erklären. Sie benutzt in drei von vier Fällen Fragen als neuen Einsatz, um ein *floor* zu bekommen, während alle Fragen der Männer in ihren jeweiligen *floors* gestellt werden. "Normale Mittel für Frauen, um zu Wort zu kommen, sind aufmerksamkeitsheischende Mechanismen wie Fragen, Aufforderungen, Ausrufe" (Trömel-Plötz 1984:310). Im Fall der Teilnehmerin führen diese aber nicht zum gewünschten Erfolg. Der Teilnehmer C dreht den Spieß um und fragt den Moderator nach seiner Meinung.

Dass der weibliche Gesprächsstil von Frauen oft als 'tentative' beschrieben wurde, war unter anderem auf ihren hohen Gebrauch von Unschärfemarkierungen (*hedges*) zurückzuführen (vgl. Coates ^{2}1993:116). Diese Unschärfemarkierungen werden zur Abschwächung einer Aussage benutzt und lassen sich immer noch in vermehrter Anzahl im Sprachverhalten der Frauen beobachten, auch in dieser Diskussion. Der Unterschied zu älteren Untersuchungen besteht in ihrer Bewertung. Dem Gebrauch von *hedges* wird nicht mehr Unsicherheit zugeschrieben, sondern Fishman misst dem angehängten *you know* eine Funktion der "Vergewisserung, ob der Partner wirklich zuhört", bei (vgl. Samel 1995:194). Alle Teilnehmer machen mindestens einmal Gebrauch von dieser Form, Teilnehmer C sogar dreimal. Am häufigsten wird die Form *I think/I mean* gebraucht, die dadurch zustande kommt, dass die Teilnehmer oft und direkt zu ihrer Meinung befragt werden. Mit Ausnahme des Teilnehmers A, der diese Form nur viermal benutzt, gebrauchen die restlichen Teilnehmer diese Form sehr oft. Allgemein hält sich der Teilnehmer A im Gegensatz zu seinen Kollegen mit dem Gebrauch von Abschwächungen zurück. Der Unterschied zwischen den restlichen Teilnehmern besteht darin, dass die Teilnehmerin Abschwächungen häufiger verwendet als die Teilnehmer C und D, da sie einen zusätzlichen Gebrauch der Form *well* macht, wenn sie ihre Beiträge beginnt. Diese Form ist aber nicht als eine Abschwächung zu bewerten, sondern als ein Füllwort. Die Teilnehmerin lässt sich einerseits Zeit mit ihrer Aussage und andererseits signalisiert sie damit, dass sie etwas sagen möchte.

Tab. 26: *hedges*

	A	**B**	C	D
hedges	5	**17**	12	11
you know	1	**1**	3	1
I think/I mean	4	**7**	7	9
well		**7**	2	
I suspect		**2**		
I hope				1

3.1.10. Themenkontrolle und Gesprächsarbeit

Die folgende Analyse ist an "thematisch-inhaltlichen Prozessen" (Linke et al. 1991) interessiert und geht dabei von mehreren Fragestellungen aus. Wer führt Themen ein? Wer setzt sich mit seinem Thema durch, so dass es zum Gesprächsthema wird? Wer steuert bzw. kontrolliert das Gesprächsthema durch Themenwechsel? Wer leistet die Gesprächsarbeit, indem er oder sie Bezüge zum vorangegangenen Redebeitrag herstellt? (vgl. Samel 1995:165). In allen vier Bereichen wird Frauen und Männern ein unterschiedliches Verhalten zugeschrieben, und damit findet eine geschlechtsspezifische Verteilung statt. Frauen sind zwar in der Lage, ein Thema einzuführen, können es aber nicht zum Gesprächsthema durchsetzen, denn in der Regel bestimmen Männer, über welche Themen gesprochen wird (vgl. Trömel-Plötz 1982:99). Sie bestimmen nicht nur das Gesprächsthema, sondern kontrollieren es durch Themenwechsel, denn auch Themenwechsel werden in der Regel von einem Mann eingeleitet (vgl. Tannen 1993a:233). Frauen dagegen leisten Gesprächsarbeit, indem sie Bezüge herstellen. Ausgehend von Fishmans These (1978), die unter anderem von Werner (1981) bestätigt wird, dass Frauen die Gesprächsarbeit leisten und Männer die Gesprächsthemen kontrollieren (vgl. Samel 1995:164), geht die Forschung von einer "geschlechtsspezifischen Arbeitsteilung in der Gesprächsführung" (ibd.:164) aus. Aufgrund des Ausübens von Themenkontrolle wird Männern ein dominantes Sprachverhalten zugeschrieben, da Themenkontrolle ein Indiz für ein dominantes Sprachverhalten ist. Frauen wird dagegen ein kooperativer Gesprächsstil zugeschrieben, weil sie sich in einer Konversation kooperativ gegenüber den anderen Teilnehmern verhalten, indem sie auf die Themen eingehen und sich nach den Äußerungen des vorhergehenden Sprechers richten; kurzum indem sie Bezug zum vorangegangenen Redebeitrag nehmen. Die Situation darf aber nicht außer Betracht gelassen werden, denn die Untersuchungen von Fishman betreffen hauptsächlich Alltagssituationen. Fernsehdiskussionen unterscheiden sich insofern, dass eine gewisse Themenvorgabe vorliegt.

In dieser Diskussionsrunde liegt die Themeneinführung eindeutig in der Hand des Moderators. Er führt ein Thema ein und befragt anschließend die Teilnehmer dazu. Es handelt sich dann meistens um initiierende Beiträge des Moderators und um respondierende seitens der Teilnehmer. Die Teilnehmer reagieren auf die Fragen des Moderators und verhalten sich kooperativ, indem sie seine Fragen beantworten. Es gibt eine Ausnahme, bei der der Teilnehmer C diese Situation umkehrt und den Moderator Fragen beantworten lässt. Was passiert, wenn ein Teilnehmer ein neues Thema anschneidet? Wird es vom Moderator aufgegriffen oder nicht, denn der Moderator führt nicht nur Themen ein, sondern bestimmt darüber, ob sich ein Thema des Teilnehmers bzw. der Teilnehmerin zum Gesprächsthema entwickelt. Im Vergleich zu ihrem Kollegen D ist die Teilnehmerin B mit der Einführung eines neuen Themas weniger erfolgreich. Sie wird mit einem "Just a minute" des Moderators abgeblockt.

Der Moderator löst sein Versprechen nicht ein und greift ihr Thema auch später nicht auf. Der Teilnehmer D dagegen führt in der ersten Runde des ersten Themas ein neues Randthema ein, das vom Moderator aufgegriffen und Gesprächsthema wird, an dem auch die restlichen Teilnehmer beteiligt sind.

Nach Trömel-Plötz liegt Gesprächskontrolle vor, wenn kein Bezug zum Thema genommen wird (vgl. 1982:99) und stattdessen ein Themenwechsel eingeleitet wird. In dieser Diskussionsrunde ist es der Moderator, der Themenwechsel einleitet. In vielen Fällen haben die Teilnehmer ihre Ausführungen zu einem Thema noch nicht beendet, und der Moderator leitet bereits das nächste Thema oder einen neuen Sprecher ein. Der Moderator beendet ein Thema in vielen Fällen mit den Worten "okay, okay". Diese signalisieren für ihn eine Überleitung zu einem neuen Thema und werden häufig am Ende einer Runde verwendet. Der Moderator übt oft Gesprächskontrolle aus, indem er einige Redebeiträge der Teilnehmer ignoriert. In einem Fall stellt ihm der Teilnehmer D eine Frage, die der Moderator nicht beantwortet und stattdessen eine neue Runde einleitet. Es lassen sich viele Beiträge des Teilnehmers C beobachten, die sowohl vom Moderator als auch von den anderen Teilnehmern nicht beachtet werden. Die Teilnehmer gehen unterschiedlich mit Nichtbeachtung ihrer Redebeiträge um. In einem Fall wird der Redebeitrag des Teilnehmers A vom Moderator nicht beachtet, daraufhin versucht er mehrmals, diesen Gedanken auszuführen, bis er vom Moderator Beachtung und auch schließlich das Rederecht erhält. Der Teilnehmer C dagegen unternimmt nichts weiteres, wenn seine Beiträge nicht beachtet werden.

In dieser Diskussion ist die 'Arbeitsteilung' nicht hinsichtlich des Geschlechts aufgeteilt, sondern aufgrund des unterschiedlichen Status des Moderators und der Teilnehmer. Der Moderator kontrolliert durch sein dominantes Sprachverhalten die Gesprächsthemen, die Teilnehmer leisten die Gesprächsarbeit. Dies ist unter anderem auf die Konzeption der Diskussion zurückzuführen, in der die Teilnehmer vom Moderator zu ihrer Meinung befragt werden. Sie verhalten sich kooperativ gegenüber dem Moderator, indem sie seine Fragen beantworten und auf diese Bezug nehmen. Doch es lassen sich Unterschiede im Verhalten der Teilnehmer beobachten, denn nicht alle Teilnehmer verhalten sich immer kooperativ. In mehreren Fällen übt der Teilnehmer D auch Gesprächskontrolle aus, indem er auf die Fragen des Moderators nicht eingeht und stattdessen mit seinem Thema fortfährt. Im Beispiel (9) wird der Teilnehmer D durch eine Zwischenbemerkung des Moderators unterbrochen, lässt sich aber von seinem Thema nicht ablenken und beendet nach dem Kommentar des Moderators seinen Redebeitrag. Im Beispiel (10) wird der Teilnehmer D wieder vom Moderator unterbrochen. Doch auch diesmal setzt der Teilnehmer D seinen Redebeitrag fort, ohne den Hinweis des Moderators zu beachten. Er übt auf diese Weise Gesprächskontrolle aus, indem er den Redebeitrag des Moderators ignoriert.

(9)
D: *This is since the Persian Gulf War, principally* [*weapons-*
M: [*and more than that since '85, it's about* [*half the budget it was*]
D: [*weapons-*] *weapons, ships, tanks, missiles down 50 to 60%.*

(10)
D: *I don't see why you think it's going help him I mean why do* [*we think Monica-*
M: [*I said it might help her*
D: *Why this is going to help him I don't see*

Es gibt nur vereinzelt Redebeiträge des Moderators, die von den Teilnehmern nicht beachtet werden, im übrigen sind es jeweils die Redebeiträge der Teilnehmer, die vom Moderator nicht beachtet werden. Die Teilnehmer verhalten sich in den meisten Situationen kooperativ, sowohl gegenüber dem Moderator als auch gegenüber den anderen Teilnehmern. Wenn eine Situation eintritt, bei der ein Teilnehmer an den Redebeitrag eines anderen Teilnehmer anknüpft, dann passiert dies fast immer mit Bezug zu diesem. Es gibt insgesamt drei Ausnahmen, die sich auf den vorherigen Beitrag nicht beziehen, die jedoch auf die Konzeption dieser Diskussion zurückzuführen sind. Alle drei Beiträge beantworten die Fragen des Moderators und stellen Meinungen der Teilnehmer dar, die nacheinander und ohne Kommentar des Moderators erfolgen. Sie nehmen zwar keinen Bezug aufeinander, dafür aber beziehen sich alle auf die Frage des Moderators. Die Mehrheit der Beiträge der Studiogäste besteht aus Beantwortungen der Fragen anstatt aus selbständigen Einwürfen.

Der nächste Schritt der Analyse geht der Frage nach, wer in der Lage ist, eigene Positionen darzulegen und wer nur Bezüge zu anderen Beiträgen leistet. Nach

Trömel-Plötz haben Frauen Schwierigkeiten, ihre eigenen Ideen durchzusetzen und stellen nur Bezüge zu anderen Beiträgen her (vgl. 1984:311). Eine Situation, die diese Hypothese belegt, lässt sich in der Diskussion beobachten. Die Teilnehmerin B kann den Teilnehmer D unterbrechen, als sie sich auf seinen Redebeitrag bezieht, doch als sie versucht, ihre eigene Position darzustellen, ist sie nicht in der Lage, das Rederecht zu erlangen. Sie kann ihre eigene Position erst durch die Worterteilung des Moderators darlegen.

Tab. 27: Bezüge

	A	**B**	C	D
Bezüge zu anderen Beiträgen	2	**6**	4	3
eigene Position	17	**7**	7	11

Wie die Tabelle (27) verdeutlicht, stellt die Teilnehmerin die meisten Bezüge zu anderen Beiträgen her. Nur die Hälfte ihrer Beiträge stellen eigene Positionen dar, während die andere Hälfte sich aus Bezügen zu anderen Beiträgen zusammensetzt. Auch beim Teilnehmer C lassen sich vermehrt Bezüge beobachten. Die wenigsten Bezüge zu anderen Beiträgen liefern dagegen die Teilnehmer A und D. Wie so oft in der Analyse lässt sich ein identisches Verhalten bei den Teilnehmern B und C auf der einen Seite und bei den Teilnehmern A und D auf der anderen Seite beobachten. Das nächste Beispiel (11) zeigt, wie die Teilnehmer B und D Bezüge zu Beiträgen der anderen Teilnehmer herstellen. Der Unterschied dabei ist, dass der Teilnehmer D dazu vom Moderator aufgefordert wird ("Do you agree with that?"), während die Teilnehmerin B dies unaufgefordert ausführt.

(11)
B: *I agree with Pat that it makes the whole thing seem like a farce.*
D: *I basically do, I think Clarence is right, it's not going to change anything.*

Beim Teilnehmer A darf nicht außer Acht gelassen werden, dass er in den meisten Fällen der erste ist, der in einer neuen Runde zu Wort kommt. Da jede Runde ein neues Thema beinhaltet, ist er der erste, der sich zu einem neuen Thema äußern muss. Dennoch gibt es Unterschiede im Kommunikationsverhalten des Teilnehmers

A und der Teilnehmerin B. Obwohl sie in einer Runde zuerst befragt wird, stellt sie zuerst einen Bezug her, bevor sie ihre eigene Position darstellt. Nach Trömel-Plötz handelt es sich dabei um die Strategie des 'Sich-Anschließens'. Diese Strategie ist notwendig, denn "[i]n öffentlichen und kompetitiven Situationen müssen Frauen sich anschließen, damit sie überhaupt zum Reden kommen" (1984:289). Das nächste Beispiel (12) veranschaulicht diese Vorgehensweise.

(12)

B: *No, but I suspect Pat Buchanan and all his friends who have been the people who've been portraying her as this innocent little girl are probably very disturbed by the fact that she is denigrating the American flag, so I don't think that was a wise pose.*

Des Weiteren darf nicht außer Betracht gelassen werden, dass auch der Moderator Bezüge zu den Beiträgen der Teilnehmer herstellt. Er übt nicht nur Themenkontrolle aus, sondern leistet auch Gesprächsarbeit, indem er den Teilnehmern Nachfragen stellt und die Ergebnisse der Beiträge zusammenfasst.

Die Thematik stellt einen anderen wichtigen Aspekt in der feministischen Gesprächsforschung dar, denn auch hinsichtlich des Themas lassen sich Unterschiede in den Gesprächen von Männern und Frauen beobachten. Frauen reden mehr über Alltagserlebnisse, während Männer mehr an Fakten aus Bereichen, wie z.B. Sport, Politik oder Geschichte interessiert sind. Außerdem reden sie mehr darüber, wie etwas funktioniert (vgl. Tannen 1994a:175). Frauen unterhalten sich mehr über Menschen, Männer hauptsächlich über Geschäftliches (vgl. Tannen 1993a:261). Dadurch dass diese Diskussion drei verschiedene Themenbereiche behandelt, muss untersucht werden, welche Auswirkungen dies auf das Verhalten der Teilnehmer hat.

Tab. 28: Gesamtsprechzeit der einzelnen Themen in [min:s]

	M	A	**B**	C	D	insgesamt
Gesamtsprechzeit	6:51	2:20	**2:52**	1:28	2:59	22:51
1. Thema	2:17	1:05	**1:10**	0:46	1:39	9:35
2. Thema	4:07	1:08	**1:29**	0:41	1:01	11:06
3. Thema	0:27	0:07	**0:13**	0:01	0:19	2:10

Eine Auswirkung der verschiedenen Themenbereiche schlägt sich in der Verteilung der Gesamtsprechzeit nieder, die bei den Teilnehmern B und D zu beobachten ist. Beim ersten Thema, das ein außenpolitisches Problem behandelt, beansprucht der Teilnehmer D die meiste Redezeit, während dies beim zweiten Thema, das eher einer persönlichen Angelegenheit nachgeht, bei der Teilnehmerin der Fall ist. Die Teilnehmer A und C dagegen werden durch die unterschiedlichen Themenbereiche nicht beeinflusst, denn ihre Redezeit ist sowohl im ersten als auch im zweiten Bereich nahezu identisch. Der dritte Themenbereich wird von der Analyse ausgeklammert, da seine Gesamtzeit nur 2:10 Minuten beträgt und nicht ausreichend für eine umfangreiche Analyse ist.

Auch in der Art der Argumentation lassen sich Unterschiede beobachten, die auf das Geschlecht zurückzuführen sind. Während beim ersten Thema, das Clintons Reise nach China betrifft, alle männlichen Personen sich mehr mit der Situation der USA beschäftigen, geht die weibliche Person auf die Wünsche und Belange der chinesischen Bevölkerung ein. Einige Aussagen sollen diese Unterschiede verdeutlichen.

(13)

A: *The communist Chinese have really spat in our face.*

D: *People like China are not going to treat us with respect.*

B: *The people of China are welcoming him [Clinton] to Tiananmen because they feel it shows solidarity with their cause.*

Die Unterschiede, die in dieser Diskussionsrunde sowohl in der Thematik als auch in der Art der Argumentation vorzufinden sind, unterstützen die These, dass Frauen sich eher für Menschen und private Probleme interessieren, Männer dagegen eher für das Politische und die Fakten. Was in dieser Diskussionsrunde jedoch nicht vorzufinden ist, ist der indirekte Gesprächsstil von Frauen, die damit versuchen, Konflikten aus dem Weg zu gehen . "So trägt die Indirektheit der Kommunikation dazu bei, den Anschein - und wahrscheinlich auch das Gefühl - von harmonischer Übereinstimmung zu wecken" (Tannen 1994a:81), aus diesem Grund schrecken Frauen vor einem offenen Streit zurück (vgl. Tannen 1993a:190). In dieser Diskussion ist die Teilnehmerin B die einzige, die einen persönlichen Angriff gegen den Moderator startet. Der Moderator erwidert diesen sofort und greift in einer anderen Situation den Teilnehmer C persönlich an.

3.1.11. Rolle des Moderators

Die Rolle des Moderators ist in dieser Diskussionsrunde sehr ausgeprägt und beschränkt sich nicht nur auf die Koordination dieser Sendung. Er nimmt an der Diskussion nicht nur als ein objektiver Wortvergeber teil, sondern als ein Teilnehmer mit einer eigenen Meinung. Dabei benutzt er einen dominanten Konversationsstil sowohl im thematischen Bereich als auch in der Organisation dieser Diskussion. Demzufolge leitet er die Diskussion nicht nur, sondern dominiert sie. Durch die hohe Anzahl der Fragestellungen an die Teilnehmer lenkt er die Diskussion in die von ihm ausgesuchte Richtung. Wie hätte sich eine Moderatorin verhalten?

3.1.12. Ergebnisse

Die Analyse des verbalen Kommunikationsverhaltens macht deutlich, dass es Unterschiede im Sprachverhalten der Teilnehmer gibt und trägt dazu bei, die Diskutierenden in zwei Gruppen einzuteilen: die Teilnehmer A und D zeigen auf der einen Seite ein gleiches Verhalten und die Teilnehmer B und C auf der anderen. Diese Zweiteilung ist unter anderem auf die Kategorie Geschlecht zurückzuführen und weist darauf hin, dass das Geschlecht das Konversationsverhalten beeinflusst. Die weibliche Teilnehmerin unterscheidet sich in ihrem Verhalten von den anderen vor allem durch ihr schlechtes Abschneiden bei der selbständigen Wortergreifung. Das schlechte Verhältnis von Versuchen, das Rederecht zu erlangen, zur erfolgreichen Selbstübernahme zeigt ihr schlechtes Durchsetzungsvermögen gegenüber ihren männlichen Kollegen. Auch der Teilnehmer C zeigt in vielen Fällen ein Verhalten, das Frauen zugeschrieben wird, wie z.B. niedrige Gesamtsprechzeit und niedrige Anzahl und Länge der Redebeiträge. Im übrigen finden sich viele Gemeinsamkeiten zwischen der Teilnehmerin B und dem Teilnehmer C, die sich durch ihr Verhalten von den anderen Teilnehmern unterscheiden. Diese Gemeinsamkeiten betreffen unter anderem den Gebrauch von Minimalreaktionen und Fragen. Einige dieser Gemeinsamkeiten fallen nicht zu Gunsten der beiden aus, denn sie werden im Gegensatz zu ihren Kollegen kein einziges Mal mit dem Vor- und Nachnamen angeredet und können ihre eigenen Themen nicht gut durchsetzen. Sie stellen viel mehr Bezüge zu anderen Beiträgen her als eigene Positionen dar und ihrem Konversationsverhalten wird in vielen Fällen eine negative Bewertung zugeschrieben. Dies deutet darauf hin, dass auch andere Kategorien das Sprachverhalten beeinflussen. Die Hinzunahme der Videoaufzeichnung macht deutlich, dass auch der Teilnehmer C aus einer unterprivilegierten Gruppe in der Gesellschaft stammt, denn "[f]ür beide, Schwarze und Frauen, gibt es einen stark negativen Stereotyp, eine Sammlung von Eigenschaften, die von vornherein festlegen, was andere zu erwarten haben" (Trömel-Plötz 1982:164). Die Analyse veranschaulicht, dass in dieser gemischtgeschlechtlichen Diskussion die Kategorien Geschlecht und Rasse eine Rolle spielen. Nicht in allen Situationen sind beide Kategorien betroffen, doch das Sprachverhalten unterscheidet sich immer mindestens aufgrund einer Kategorie. Die Analyse verweist damit auf die Präsenz dieser Kategorien in der Gesellschaft, insbesondere in der amerikanischen Gesellschaft und auf die Benachteiligung der Mitglieder dieser Gruppen. Dadurch dass das Verhalten dieser Gruppen mit negativer Bewertung verbunden ist, enthüllt es deren benachteiligte Stellung in der Gesellschaft.

3.2. Das nonverbale Kommunikationsverhalten

Unter dem Begriff nonverbale Kommunikation werden nach Gräßel außersprachliche Verhaltensweisen zusammengefasst (vgl. 1991:88); nach Bußmann handelt es sich dabei um die "Gesamtheit der in zwischenmenschlichen Kommunikationsprozessen auftretenden nichtsprachlichen Phänomene" (^{2}1990:531), die in zwei verschiedenen Bereichen untersucht werden. Im ersten Bereich steht die Untersuchung von Körperbewegungen (Kinesik) im Vordergrund. Dabei werden motorische, nicht-phonetische Phänomene wie Körperhaltung, Körperorientierung, Gesichtsausdruck, Gestik, sowie Blickkontakt untersucht. Der zweite Bereich, auch Paralinguistik genannt, betrifft die nonverbale Vokalisierung. Dabei werden paralinguistische bzw. prosodische Merkmale untersucht, wie z.B. Lautstärke, Intonation oder Sprechweise. Die vokale nonverbale Kommunikation untersucht demnach alles, was mit der Stimme zu tun hat, aber nicht zur Sprache zählt.

Anschließend werden die nonverbalen Mittel mit den verbalen in Beziehung gesetzt, um ihre Funktionen zu ermitteln. Nach Scherer handelt es sich dabei um parasemantische Funktionen, die er als "Beziehungen spezifischer nonverbaler Verhaltensweisen zu den Bedeutungsinhalten der sie begleitenden verbalen Äußerungen"

(1984:26) auffasst. Er unterscheidet dabei vier Funktionen: Substitution, Amplifikation, Kontradiktion und Modifikation. Nonverbale Mittel können demzufolge eine verbale Äußerung ersetzen, mit einer verbalen Äußerung gleichzeitig verwendet werden, dem Bedeutungsgehalt der verbalen Äußerung widersprechen oder den Inhalt einer verbalen Äußerung abschwächen oder leicht modifizieren (vgl. ibd.:26f). Argyle schreibt der nonverbalen Kommunikation nicht nur Ersatz und Unterstützung der Sprache zu, sondern ergänzt sie durch andere Funktionen, wie z.B. Ausdruck von Emotionen, Ausdruck von interpersonalen Einstellungen und Mitteilungen über die Person (vgl. 1985:58).

Die feministische Gesprächsforschung untersucht das nonverbale Kommunikationsverhalten von Frauen und Männern, da dieses analog zum verbalen Kommunikationsverhalten Aufschluss über die Stellung der Frau in der Gesellschaft gibt. In den Untersuchungen wird beobachtet, dass "[w]omen and men differ in their nonverbal behavior" (LaFrance 1984:129). Henley kommt in ihren Untersuchungen zu der Schlussfolgerung, dass Geschlechtsunterschiede im nonverbalen Verhalten auf Machtunterschiede zurückgeführt werden können und dass die unterschiedliche Körpersprache mit Macht, Status und Einfluss zusammenhängt (vgl. 1988:13). Henley geht dabei von einer "Körper-Herrschaft von Männern über Frauen" (ibd.:214) aus, da in der Interaktion zwischen Frauen und Männern es jeweils die Männer sind, die mit nonverbalen Mitteln die Konversation dominieren. Ihrer Meinung nach wird durch nonverbale Kommunikation Kontrolle und Macht ausgeübt. Auch Gräßel (1991) beobachtet in ihrer Untersuchung, dass Männer hauptsächlich dominanzindizierende nonverbale Mittel benutzen, indem sie, z.B. andere Personen anstarren, berühren, den persönlichen Raum verletzen, finster schauen, Äußerungen mit einem erhobenen Zeigefinger begleiten. "Die Gesten der Dominanz werden dabei eher von Männern ausgeübt, die Gesten der Unterwerfung eher von Frauen" (ibd.:90). Es darf aber nicht außer Betracht gelassen werden, dass auch beim nonverbalen Verhalten die Bewertung eine große Rolle spielt. Das nonverbale Verhalten der Frauen indiziert emotionale Wärme und das der Männer Dominanz und hohen Status. Dass die Körpersprache der Frauen negativer bewertet wird als die der Männer zeigt die Untersuchung von Condry & Condry (1976), bei der ein identisches Verhalten anders wahrgenommen wird, wenn das Kind als Mädchen identifiziert wird. Die Untersuchung wurde an einem 9monatigen Baby demonstriert, wobei bei einem Jungen das

Schreien als Wutreaktion, bei einem Mädchen als Angstreaktion bewertet wurde (zitiert in Tannen 1993a:252).

Die unterschiedlichen nonverbalen Verhaltensweisen von Frauen und Männern sind nicht angeboren, sondern erlernt (Henley 1988). Wex (1980) zeigt in ihrer ausführlichen Dokumentation anhand von Bildern, dass die Körpersprache gesellschaftlich bedingt ist und daher immer wieder einem Wandel unterliegt. Die unterschiedliche Körpersprache von Männern und Frauen wird durch Sozialisation erlernt und verinnerlicht. Dabei wird beobachtet, dass Frauen gegenüber nonverbalem Verhalten sensibler als Männer sind (vgl. Gräßel 1991:88). Eine Erklärung wird in ihrer untergeordneten Stellung gesehen, denn auch bei anderen unterdrückten Gruppen ist dies zu beobachten. Eine Interaktion zwischen einem Mann und einer Frau wird mit einer Situation zwischen einem Übergeordneten und einem Untergeordneten verglichen (Henley 1988).

In dieser Fernsehsendung ist zu klären, wie und wann nonverbale Kommunikation benutzt wird und ob es dabei Unterschiede hinsichtlich des Geschlechts gibt. Was ist ihre Funktion? Werden dominanzindizierende nonverbale Mittel gebraucht und wer benutzt sie? Die Analyse der nonverbalen Kommunikation in dieser Fernsehdiskussion ist aufgrund der Kameraführung nur mit Einschränkungen möglich. Die meiste Zeit ist die Kamera nur auf die sprechende Person gerichtet, wobei nur der Oberkörper gezeigt wird. In seltenen Fällen wird die gesamte Runde zum selben Zeitpunkt gezeigt. Aus diesem Grund sind nonverbale Phänomene, die jede Person einzeln betreffen, einfacher zu untersuchen als solche, die in der Interaktion stattfinden.

3.2.1. Kinesik

3.2.1.1. Körperbewegung (Körperorientierung, Körperhaltung)

Unter Körperbewegung werden zwei Aspekte zusammengefasst: Körperorientierung und Körperhaltung. Der Unterschied zwischen beiden besteht darin, dass Körperorientierung eine relationale Betrachtungsweise ist und somit einen Interaktionspartner oder -partnerin verlangt. Körperorientierung "beinhaltet also immer die Gerichtetheit oder Orientierung des Körpers einer Person relativ zu einer anderen Person" (Wallbott in Scherer & Wallbott (eds.) 1984:146). Unter Körperhaltung dagegen ist "die Anordnung der einzelnen Körperteile einer Person" (ibd.:146) gemeint. Diese Betrachtungsweise zeichnet sich dadurch aus, dass jeweils nur eine Person mit ihren

Bewegungen isoliert betrachtet wird. In einer Fernsehdiskussion gehört dazu die Sitzposition einer Person. Wie sind ihre Beine und Arme angeordnet, welche Lage hat der Kopf und wie ist die gesamte Körperhaltung dieser Person?

In der Forschung finden sich dazu übereinstimmende Ergebnisse mit Unterschieden hinsichtlich des Geschlechts. In den Untersuchungen von Wex (1980), Aries (1984) und Gräßel (1991) beanspruchen Männer immer mehr Raum als Frauen. Während Frauen eine enge Haltung einnehmen und sich klein machen, beanspruchen Männer viel Platz um sich herum, was durch ihre breite Sitzhaltung zum Vorschein kommt. Diese breite Pose lässt sich sowohl bei Bein- und Fußhaltungen als auch bei Arm- und Handhaltungen beobachten (Wex 1980). Ein Beispiel, das den Unterschied verdeutlicht, zeigt die Art und Weise, wie Beine übereinandergeschlagen werden. Während Frauen ihre Beine eng übereinanderschlagen, bilden die überschlagenen Beine der Männer die Form einer vier und nehmen dadurch mehr Platz ein. Henley beschreibt die Beziehung zwischen räumlichen und hierarchischen Ordnungen der Menschen und kommt zu der Schlussfolgerung, dass eine "Korrelation zwischen *Status* und persönlichem Raum" (1988:57) besteht, bei dem Personen mit mehr Status Kontrolle über ein größeres Territorium haben. Außerdem haben sie Zugang zu den begehrten Territorien und beanspruchen größere Bewegungsfreiheit für sich (vgl. ibd.:59). Dadurch dass Männer sich viel Platz verschaffen, wirkt ihre gesamte Körperhaltung entspannt und viel offener als bei Frauen, die den eigenen Körper und persönlichen Raum so klein wie möglich halten und dadurch eine angespannte und verkrampfte Körperhaltung einnehmen. Diese Unterschiede in der Körperhaltung wirken sich für Frauen negativ aus, denn eine offene und lässige Körperhaltung verleiht dem Sprecher Ausdruck von Dominanz (vgl. Gräßel 1991:97) und mehr Überzeugungskraft (vgl. Tannen 1993a:138).

Auch in der Häufigkeit der Ausführung lässt sich ein Unterschied zwischen Frauen und Männern beobachten. Nach Wex (1980) variieren Frauen ihre Körperhaltung viel mehr als Männer. Wallbott kommt zur Schlussfolgerung, dass "hochautoritäre Personen weniger Variabilität und größere Rigidität in ihren Kopf- und Körperhaltungen" (in Scherer & Wallbott (eds.) 1984:150) zeigen. Obwohl Gräßel das Gegenteil in ihren Untersuchungen beobachtet - in ihren Untersuchungen wechseln Männer deutlich häufiger ihre Bein- und Sitzstellungen als Frauen - bleibt die negative Bewertung für das Verhalten von Frauen. Ihr Verhalten wird in diesem Fall als befangen bewertet und das Verhalten der Männer als ruhelos (vgl. 1991:98). Was den Untersuchungen gemeinsam ist, ist das unterschiedliche Verhalten von Frauen und Männern, das sich in allen Bereichen des nonverbalen Verhaltens beobachten lässt. Bei der Kopfhaltung besteht der Unterschied darin, dass Frauen dazu neigen, in Gegenwart von Männern ihren Kopf zur Seite zu legen, während Männer ihren erhobenen Kopf nach vorne neigen. Durch das hochgereckte Kinn des Mannes wirkt seine Kopfhaltung dominierend und signalisiert Überlegenheit, der gesenkte Kopf bei der Frau dagegen signalisiert Unterlegenheit (vgl. Henley 1988:199f).

Bei der Körperorientierung muss die Position einer Person zur anderen ermittelt werden. In gleichgeschlechtlichen Gruppen sitzen nach Tannen Mädchen und Frauen dichter zusammen und sehen sich direkt an, Jungen und Männer sitzen voneinander abgewandt und sehen sich nie direkt an, vermeiden einen direkten Blickkontakt (vgl. 1993a:271). Doch wie verhalten sich Frauen und Männer, wenn sie in einer gemischtgeschlechtlichen Konversation zusammensitzen? Dabei gilt der Körperkontakt als die extremste Form der Körperorientierung, da physische Berührungen zwischen Personen stattfinden und "jemanden berühren in gewissem Sinne einer Invasion in dessen persönlichen Raum gleichkommt" (Henley 1988:147). Nach Trömel-Plötz liegt eine Asymmetrie im taktilen Bereich vor, denn Frauen werden weit häufiger von Männern berührt als umgekehrt (vgl. 1982:112). Diese Annahme wird in anderen Untersuchungen bestätigt (Tannen 1994a; Henley 1988). Auch Major beobachtet, dass "males were more likely to be the initiators of touch whereas females were more likely to be the recipients of touch" (1981:19) und führt dies darauf zurück, dass "the higher status person is more likely to touch the lower status person than vice versa" (ibd.:22). Henley zieht eine Verbindung zwischen dem Gebrauch der Anredeform und einer Berührung, wobei "touching resembles the use of terms of address, in that the privilege of moving toward greater intimacy (e.g., initiating touch or using another's first name) is the prerogative of the higher status person" (Major 1981:22). Eine Berührung kann sowohl Dominanz als auch Intimität ausdrücken, wird aber jeweils von einer Person mit höherem Status verwendet.

Die Anordnung dieser Diskussionsrunde trägt dazu bei, dass wenig Körperkontakt stattfinden kann. Doch allein schon die Sitzordnung gibt Aufschluss über die Statusverteilung der teilnehmenden Personen (Henley 1988), wonach die Position am Kopfende von statushohen Personen bevorzugt wird. In Fernsehdiskussionen bleibt diese Position in den meisten Fällen dem Moderator vorbehalten, um damit einerseits seine neutrale Position und andererseits seinen höheren Status zu demonstrieren. In der von mir untersuchten Diskussion entspricht die Sitzordnung diesem Muster, wonach der Moderator am Kopfende sitzt, links und rechts von ihm seine Studiogäste, die sich gegenüber sitzen. Die Sitzordnung an einem runden Tisch würde die Statusverteilung vermeiden, ist aber aus kameratechnischen Gründen problematisch. Wenn eine Diskussion fürs Publikum und/oder für Zuschauer konzipiert ist, müssten einige Teilnehmer mit dem Rücken zur Kamera sitzen.

Da in dieser Diskussionsrunde kein Körperkontakt sowohl zwischen den Studiogästen untereinander als auch zwischen ihnen und dem Moderator stattfindet, beschränkt sich die Analyse der Körperorientierung auf die Untersuchung des Oberkörpers und seiner Orientierung. Dabei ist zu beobachten, dass alle Teilnehmer ihren Oberkörper jeweils der Person zuwenden, der sie etwas mitteilen wollen. In den meisten Fällen handelt es sich dabei um den Moderator, dessen Fragen beantwortet werden. Deutlich wird dies in einer Szene, in der der Teilnehmer D seinen Oberkörper zuerst dem Moderator zuwendet, als er seine Fragen beantwortet, dann aber seine Position wechselt, indem er der Teilnehmerin B seinen Oberkörper zuwendet, als diese ihn unterbricht und er sein Rederecht von ihr wiedererlangt. Auch beim Teilnehmer C ist der Wechsel seiner Körperorientierung vom Moderator zu Teilnehmer A deutlich erkennbar. Dies resultiert aus der Sitzordnung, bei der sowohl der Teilnehmer D als auch der Teilnehmer C jeweils zwischen dem Moderator und einem anderen Teilnehmer sitzen. Die Teilnehmer A und B dagegen sitzen am Ende der Runde und haben den daneben sitzenden Teilnehmer jeweils im Blickfeld, wenn sie ihren Oberkörper dem Moderator zuwenden. Aus diesem Grund sind ihre Positionswechsel weniger erkennbar. Die Hinwendung des Oberkörpers ist beim Moderator besonders offensichtlich, wenn er das Wort an die Teilnehmer D und C richtet. Dies resultiert erneut aus der Sitzordnung, denn die Teilnehmer D und C sitzen dem Moderator am nächsten. Die Körperorientierung unterscheidet sich in dieser Diskussion nicht aufgrund des Geschlechts.

Auch bei der Körperhaltung sind keine Unterschiede hinsichtlich des Geschlechts zu erkennen. Generell nehmen alle Teilnehmer eine souveräne Körperhaltung ein; lediglich der Teilnehmer C erweckt durch seine unruhige Sitzposition einen hektischen Eindruck, was kompatibel mit seiner Sprechweise ist. Er bewegt sich hin und her, so dass sein Drehstuhl sich mit bewegt. Die wenigen Kameraeinstellungen - insgesamt sind es fünf -, die die gesamte Runde zeigen und damit den ganzen Körper der Teilnehmer, ermöglichen die Ermittlung der Beinposition. Mit Ausnahme des Teilnehmers C haben alle Teilnehmer ihre Beine eng übereinandergeschlagen und behalten diese Position während der gesamten Sendezeit fast immer bei. Nur der Teilnehmer A wechselt einmal seine Beinstellung, wie die Kameraeinstellungen, die zeitlich über die gesamte Sendung verteilt sind, zeigen. Allen Teilnehmern inklusive des Moderators ist der starke Gebrauch der Arme und vor allem der Hände gemeinsam, wobei zwischen dem Moderator und den restlichen Teilnehmern ein unterschiedlicher Gebrauch zu beobachten ist. Die Arme vor dem Körper des Moderators sind sehr oft verschränkt und signalisieren auf diese Weise Dominanz; diese Körperhaltung ist beim Teilnehmer A auch einmal zu sehen. Andere Arm- bzw. Handbewegungen werden separat im folgenden Kapitel über Gestik differenziert.

3.2.1.2. Gestik

Unter Gestik werden verschiedene Arten von Handbewegungen zusammengefasst, deren Funktion es ist, eine sprachliche Äußerung zu begleiten oder zu ersetzen. Indem eine Person ihre Hand hebt, signalisiert sie, dass sie das Rederecht erlangen möchte. Eine Handbewegung kann auf diese Weise eine sprachliche Äußerung, wie z.B. den Wunsch nach Sprecherwechsel, ersetzen. Neben einer die Sprache begleitenden und ergänzenden Funktion unterscheidet Wallbott eine zweite große Gruppe von Handbewegungen, die als expressiv betrachtet werden und im Gesprächssteuerungsprozessen keine Rolle spielen (vgl. in Scherer & Wallbott (eds.) 1984:106), wie z.B. Streicheln oder Reiben an verschiedenen Teilen des Körpers, bei Wortfindungsschwierigkeiten am Kopf kratzen, mit den Haaren spielen. Diese zweite Art von Handbewegungen findet in der Sendung vor laufender Kamera nicht statt und wird aus diesem Grund nicht in die Analyse hinzugezogen. Der Teilnehmer A macht einen Gebrauch von expressiven Handbewegungen, indem er sich erst in seinem Gesicht anfasst, als eine Werbepause durch den Moderator eingeleitet wird.

Die Untersuchung der Gestik ist von großer Bedeutung, denn der Einsatz von Handbewegungen gibt Aufschluss über das Verhalten der Personen. Gräßel schreibt Männern einen Gebrauch von dominanzindizierenden Gesten zu, wie z.B. eine geballte Faust, schwungvolle Gesten oder "zeigen" (vgl. 1991:99). Auch andere Gesten, wie z.B. die Hand am Kinn, die Hände hinter dem Kopf verschränken oder die

Fingerspitzen zusammenlegen, so dass ein Spitzdach entsteht, signalisieren Dominanz (Henley 1988) und werden hauptsächlich von Männern bevorzugt. Frauen dagegen bevorzugen Gesten, die als nicht dominant bewertet werden, wie z.B. die Handflächen aufeinanderlegen oder die Hand auf die Brust legen; es sind Gesten, die wenig Platz einnehmen. In dieser Diskussionsrunde machen beim Sprechen alle Teilnehmer einschließlich des Moderators einen starken Gebrauch ihrer Hände, wobei einige Unterschiede zu erkennen sind. Wie bereits in mehreren Bereichen beobachtet wurde, besteht dieser Unterschied darin, dass die Teilnehmer B und C auf der einen Seite und die Teilnehmer A und D auf der anderen Seite ein identisches Verhalten zeigen, wobei die Gesten der Teilnehmer A und D viele Gemeinsamkeiten mit denen des Moderators haben. Sowohl die beiden Teilnehmer als auch der Moderator benutzen in vielen Fällen einen erhobenen Finger, um ihren Äußerungen mehr Druck zu verleihen. Zusätzlich zeigen sie mit ihren Zeigefingern auf andere Personen. Sie benutzen Gesten, die Ausdruck eines dominanten Sprachverhaltens sind (vgl. Gräßel 1991:304). Die Teilnehmer C und B dagegen machen nie den Gebrauch eines erhobenen Fingers. Ein weiterer Unterschied betrifft die Anzahl der gestikulierenden Hände. Sowohl die Teilnehmer A und D als auch der Moderator verwenden in den meisten Fällen nur eine Hand, die Teilnehmer C und B dagegen beide Hände, wenn sie ihre Redebeiträge ausführen. Diese Hand bzw. Hände werden vor dem Körper auf und ab bewegt und begleiten die sprachliche Äußerung der sprechenden Person. Dabei wirkt eine Hand energischer als zwei Hände, was dadurch bestätigt wird, dass die Teilnehmerin B nur eine Hand benutzt, als sie den Teilnehmer D unterbricht. Der Gebrauch einer Hand ist die Vorstufe zum erhobenen Zeigefinger und dadurch dominanter als der Gebrauch von zwei Händen. Die Tabelle (29) zeigt, dass der Moderator die dominantesten Handbewegungen ausführt. Die Teilnehmer A und D benutzen auch zwei Hände, doch mindestens genauso oft benutzen sie nur eine Hand; der Teilnehmer C macht als einziger nie Gebrauch von nur einer Hand. Die Teilnehmerin B unterscheidet sich von den anderen Teilnehmern, indem sie als einzige ihre Hände ineinander verschränkt. Dadurch dass ihre Hände nicht mehr parallel vor ihr platziert sind, verkleinert sich der Bereich vor ihr und entspricht dem weiblichen "Sich-klein-Machen" (Henley 1988:198).

Tab. 29: Handbewegungen

	M	A	**B**	C	D
2 Hände	1	2	**4**	5	4
1 Hand	3	6	**2**		4
erhobener Zeigefinger	9	4			4

3.2.1.3. Gesichtsausdruck (Mimik)

"Das Gesicht ist der wichtigste Bereich des Körpers für nonverbale Signale" (Argyle 1985:201) und verfügt daher über eine lange Tradition der wissenschaftlichen Untersuchung. Der Gesichtsausdruck wird nach Argyle in drei verschiedenen Bereichen angewandt: bei persönlichen Eigenschaften, bei Emotionen und bei Interaktionssignalen (vgl. ibd.:202). Er fungiert als Ergänzung und Unterstützung der Sprache und betrifft mehrere Partien, z.B. den Mund, die Augenbrauen, die Haut und die Nase, wobei diese unabhängig voneinander agieren können (vgl. ibd.:203). Wie die anderen nonverbalen Signale ist auch der Gesichtsausdruck mit Macht und Status verbunden, wobei je höher der Status ist, desto seltener extreme Ausdrucksformen sind (vgl. Henley 1988:248). Eine steinerne Miene wird als "Beherrschung des Gesichtsausdrucks" (ibd.:249) betrachtet, bei der weder Gedanken noch Gefühle der betreffenden Person enthüllt werden. Diese Kontrolle über den Gesichtsausdruck wird in der Sozialisation erlernt (vgl. Argyle 1985:202). "Zum Bild von Autorität gehört es, die Fassung zu bewahren, wenig Emotionen zu zeigen und von allen Wirbeln unberührt zu bleiben" (Henley 1988:126), und das Gesicht dazu zeichnet sich durch "das vorstehende Kinn, die nach unten gezogenen Augenbrauen, die gerunzelte Stirn, die angespannten Muskeln" (ibd.:245) aus. Im Hinblick auf geschlechtsspezifische Unterschiede schreibt Henley Frauen eine größere emotionale Expressivität als Männern zu (vgl. ibd.:251), denn sie zeigen im Gegensatz zu Männern offen ihre Gefühle. Männer verziehen ihrer Meinung nach keine Miene und versuchen auf diese Weise, ihre Gefühle zu verbergen und damit ihren höheren Status zu bewahren. Die unterschiedlichen Gesichtsausdrücke werden im Sozialisationsprozess erlernt, verinnerlicht und führen immer wieder zu Missverständnissen bzw. Unzufriedenheit auf beiden Seiten. Frauen stört der reglose Gesichtsausdruck des Mannes, weil sie damit das Fehlen der Anteilnahme verbinden.

In dieser Diskussionsrunde gibt es Unterschiede in der Mimik der Teilnehmer. Die Teilnehmer A und D zeigen beim Sprechen meistens einen emotionslosen Gesichtsausdruck, wobei dies beim Teilnehmer A in extremerer Form zu beobachten ist. Auch als in einer Situation der Teilnehmer C über ihn spricht und ihn dabei anschaut, zeigt er keine Regungen in seinem Gesicht und verzieht dabei keine Miene. Sein Gesicht wirkt die ganze Zeit wie versteinert. Die Mimik der Teilnehmer A und D entspricht der Mimik von Personen mit Autorität, die ihren höheren Status durch einen beherrschten Gesichtsausdruck bewahren wollen. Anders verhält es sich bei den Teilnehmern B und C, deren Gesichter Regungen aufweisen. Sie reden mehr mit Gefühl und variieren dabei ihren Gesichtsausdruck. Auf diese Weise zeigen sie ihre Emotionen und damit ihre Anteilnahme offen. Die intensive Mimik der Teilnehmerin B bewirkt in vielen Fällen den Einsatz ihres Kopfes, den sie beim Sprechen nach vorn beugt. Der Gebrauch von nonverbalen Minimalreaktionen (Kap. 3.1.8.) zeigt, dass auch der Teilnehmer D in einigen wenigen Fällen Regungen in seinem Gesicht zeigt.

3.2.1.4. Blickkontakt

Wallbott unterscheidet zwischen Blickkontakt (*eye contact*) und Anblicken (*gaze*), wobei Blickkontakt gegenseitiges Anblicken beinhaltet (vgl. in Scherer & Wallbott (eds.) 1984:59). Er fasst beide Begriffe unter dem Oberbegriff "visuelle Interaktion" oder "visuelles Verhalten" zusammen (vgl. ibd.:60). Nach Henley sind in der nonverbalen Kommunikation Blicke genauso wie Berührungen von wichtiger Bedeutung (vgl. 1988:221), denn sie enthüllen wichtige Dominanzaspekte. Ihrer Meinung nach schenken Untergeordnete Übergeordneten größere visuelle Aufmerksamkeit (vgl. ibd.:223), denn "je höher jemand steht, desto weniger muss er anderen einen Blick schenken" (ibd.:224). Auch andere Untersuchungen bestätigen, dass Frauen ihren Gesprächspartner öfter anblicken als Männer und dass Männer einen direkten Augenkontakt vermeiden (vgl. Tannen 1993a:271). Eine Erklärung dafür liegt darin, dass Frauen auf die Zustimmung anderer angewiesen sind und dadurch häufiger Augenkontakt suchen (vgl. Henley 1988:232). Das häufige Anblicken enthüllt auch die Stellung der Frau als Zuhörerin, denn beim Zuhören blicken Gesprächsteilnehmer im allgemeinen die anderen öfter an als beim Selbstsprechen (vgl. ibd.:228).

Es darf nicht außer Betracht gelassen werden, dass dem Blickkontakt eine ambivalente Bedeutung zugeschrieben wird: einerseits visuelle Aufmerksamkeit und andererseits "Zurschaustellung visueller Dominanz" (ibd.:222). Es ist immer die Bewertung, die ausschlaggebend ist, denn der selbe Sachverhalt wird unterschiedlich bewertet, je nachdem ob es sich dabei um eine Frau oder einen Mann handelt. Auch der Blickkontakt weist eine negative Bewertung für Frauen aus. "Macht kann sich sowohl durch Hinblicken als auch durch Wegblicken ausdrücken" (ibd.:237). Das ausschlaggebende dabei ist, dass es sich um einen Mann handelt. Wenn eine Frau den Blick abwendet, wenn ein Mann sie ansieht, wird sie als Unterlegene klassifiziert, denn Blickabwenden wird in diesem Fall als ein Signal bewertet, mit dem der Unterlegene seinen inferioren Status zu erkennen gibt (vgl. ibd.:233). Aus diesem Grund schreibt Henley jedem Geschlecht jeweils zwei Formen von Blickkontakt zu. Frauen suchen einerseits visuelle Aufmerksamkeit und andererseits wenden sie den Blick ab. Männer dagegen üben mit ihrem Blickkontakt Kontrolle aus, indem sie einerseits Frauen anstarren und andererseits deren Blickkontakt ignorieren.

In dieser Diskussionsrunde kann der Blickkontakt aufgrund der Kameraführung nur mit großer Einschränkung untersucht werden, da die Personen hauptsächlich einzeln von der Kamera erfasst werden und es manchmal nicht möglich ist zu entscheiden, wen sie gerade anschauen. Außerdem wird überwiegend nur die sprechende Person gezeigt, so dass nicht eindeutig bestimmt werden kann, wer die sprechende Person anblickt und wer nicht und ob die Teilnehmerin weniger Aufmerksamkeit bekommt als die anderen. Es ist aber anzunehmen, dass die sprechende Person unabhängig von ihrem Geschlecht die meiste visuelle Aufmerksamkeit erhält. Viel wichtiger ist die Frage, wen die sprechende Person anblickt. Generell blickt die sprechende Person ihren Gesprächspartner an, mit dem sie interagiert, wie auch bereits in der Hinwendung des Oberkörpers beobachtet wurde (Kap. 3.2.1.1.). Dadurch dass die meiste Interaktion zwischen dem Moderator und jeweils einem Studiogast stattfindet, erhält der Moderator den meisten Blickkontakt, wenn ein Studiogast das Rederecht hat. Alle Teilnehmer verhalten sich dabei gleich, wenn sie Fragen des Moderators beantworten. Bei längeren Ausführungen jedoch kommt es zu Abweichungen zwischen den Teilnehmern. Die Teilnehmer A und D schauen entweder den Moderator an oder senken ihren Blick, indem sie zu Boden schauen. Die Teilnehmerin B schaut entweder den Moderator oder den Teilnehmer A an. Sie schenkt dem Teilnehmer A visuelle Aufmerksamkeit, nicht weil sie sich ihm untergeordnet fühlt, sondern weil sie sich in vielen Fällen entweder auf seine Person oder auf seine Beiträge bezieht. Ihr Blickkontakt ist mit dem Inhalt ihrer Aussagen verbunden. Wie die anderen Teilnehmer schaut auch der Teilnehmer C den Moderator die meiste Zeit an. Zusätzlich weist er den höchsten Grad von Wechsel beim Blickkontakt auf, indem er von einem Teilnehmer zum anderen schaut und nicht nur einer Person visuelle Aufmerksamkeit schenkt.

3.2.2. Nonverbale Vokalisierung

3.2.2.1. Lachen

Lachen stellt einen Grenzfall zwischen nonverbaler Bewegung und nonverbaler Vokalisierung dar, da es sowohl eine "Ausdrucksweise des Gesichts" (Henley 1988:-247) als auch den Gebrauch der Stimme beinhaltet. Dabei sind zwei Formen des Lachens zu unterscheiden: das Lachen mit Stimme und das Lächeln, das eher nur eine Bewegung der Mundwinkel bewirkt. Nach Henley gibt Lachen Aufschluss über Dominanzbeziehungen (vgl. ibd.:109), wobei Lächeln mit untergeordnetem Status verbunden und dem Statushöheren entgegengebracht wird (vgl. ibd.:247). In verschiedenen Untersuchungen wird beobachtet, dass Frauen viel öfter lächeln als Männer (Henley 1988). Außerdem wird beobachtet, dass Frauen und Männer sich in der Art und Weise ihres Lachens unterscheiden, indem Frauen häufiger die Zähne entblößen als Männer (vgl. ibd.:253). In der Theorie der 'zwei Kulturen' wird von einer unterschiedlichen Funktion des Lachens bei Frauen und Männern ausgegangen. Bei Männern findet sich eine größere Übereinstimmung zwischen verbaler Botschaft und Gesichtsausdruck als bei Frauen. Nach Tannens Terminologie verbinden Männer den Inhalt ihrer Mitteilung mit ihrem Gesichtsausdruck, d.h. wenn Männer lächeln, sagen sie etwas Freundliches. Frauen dagegen zielen auf die Beziehungsebene des Gesprächs und lächeln die angesprochene Person an, auch wenn eine negative Äußerung folgt. Der weibliche Gebrauch des Lächelns resultiert aus den kulturellen Rollenvorschriften für Frauen, die besagen, dass die traditionelle weibliche Rolle freundliches, gefälliges Verhalten verlangt (vgl. Henley 1988:254). Dieses Verhalten wird bei Frauen immer wieder beobachtet, wenn Männer Witze erzählen. Frauen lachen über diese, auch wenn sie nicht witzig sind und auf ihre Kosten gemacht werden. Frauen sind demnach eher personenorientiert und wollen mit ihrem Lächeln die sprechende Person unterstützen. Männer und Frauen setzen ihr Lächeln unterschiedlich ein, wie beim Gebrauch von Minimalbestätigungen (Kap. 3.1.8.). Die folgende

Tabelle (30) zeigt, wie oft alle Teilnehmer in dieser Diskussion vom Lachen Gebrauch machen und über welche Beiträge sie lachen, ob über eigene oder andere.

Tab. 30: Lachen

	M	A	**B**	C	D
Lachen	4	3	**17**	14	2
über eigenen Beitrag	2	1	**10**	4	
über anderen Beitrag	2	2	**7**	10	2

Der Gebrauch von Lachen weist einige Parallelen zum Gebrauch von Minimalreaktionen auf, denn es sind wiederum die Teilnehmer B und C, die sich von den restlichen Teilnehmern in ihrem Verhalten unterscheiden. Der Unterschied besteht darin, dass sie viel öfter lachen als die Teilnehmer A und D und der Moderator. Da das Lachen mit Zeigen von Emotionen und Reaktionen verbunden ist, bestätigt ihr niedriger Gebrauch, dass sowohl die Teilnehmer A und D als auch der Moderator in ihren Reaktionen zurückhaltend und reserviert sind. Die Teilnehmer B und C dagegen zeigen ihre Reaktionen offen, wobei sie in den meisten Fällen über die Beiträge des Moderators lachen. Zusätzlich lachen beide über ihre eigenen Beiträge oder unterstützen sich gegenseitig, indem sie jeweils über den Beitrag des anderen lachen. Der Teilnehmer A dagegen bringt die anderen Teilnehmer und den Moderator zum lachen und bleibt selbst dabei ernst und verzieht keine Miene. Außerdem lassen sich in dieser Diskussion geschlechtsspezifische Unterschiede beim Lachen beobachten, denn die Teilnehmerin B setzt ihr Lachen unterschiedlich ein. In mehreren Fällen lacht sie, nachdem sie erfolglos einen Versuch unternommen hat, das Rederecht zu erlangen. Auf diese Art und Weise versucht sie, ihren Misserfolg mit einem Lächeln zu verharmlosen. Das Lachen wirkt aber dabei wie ein Verlegenheitslächeln.

3.2.2.2. Sprechweise, Stimmlage

Auch die Sprechweise einer Person, d.h. die Art und Weise wie eine Person etwas sagt, trägt dazu bei, das Verhalten einer Person zu analysieren. Dabei demonstriert eine ruhige und langsame Sprechweise Selbstbewusstsein, eine schnelle Sprechweise dagegen wirkt hektisch und hinterlässt einen negativen Eindruck. Es darf nicht außer Betracht gelassen werden, dass es sich dabei um Bewertungen handelt, die in unserer westlichen Welt vertreten sind. Sie sind nicht universell und finden sich in einigen Gesellschaften anders vor, wie es zahlreiche ethnolinguistische Studien beschreiben. Wie bereits im Kapitel 3.1.2. erwähnt, hat der Teilnehmer C eine wesentlich höhere Sprechgeschwindigkeit als die anderen Teilnehmer. Diese Sprechweise zieht zahlreiche Wiederholungen mit sich und hinterlässt bei Zuhörern einen gehetzten und hektischen Eindruck. Dagegen spielen in der Sprache der Afro-Amerikaner (*Black English*) Schwankungen in Stimmlage, Intensität und Tempo eine große Rolle und werden auf afrikanische Sprachen zurückgeführt (vgl. Henley 1988:108f). Die folgende Tabelle (31) fasst noch einmal die Ergebnisse zusammen und stellt eine Kopie der Tabelle (4) dar.

Tab. 31: Sprechgeschwindigkeit

	A	**B**	C	D
Gesamtanzahl der Wörter	490	**573**	376	600
Anzahl der Wörter im Ø pro s	3,5	**3,33**	4,27	3,36

Ein anderer wichtiger Aspekt betrifft die Lautstärke. Generell wird davon ausgegangen, dass Männer lauter reden als Frauen (vgl. Trömel-Plötz 1982:108; Henley 1988:114). In dieser Diskussion hat die Lautstärke eine bestimmte Funktion, die weniger mit Geschlecht, sondern mit Interaktionsprozessen zu tun hat. Die Lautstärke spielt bei Unterbrechungsversuchen eine wichtige Rolle, wobei eine laute Stimme einerseits von der Person benutzt wird, die unterbrochen werden soll, und andererseits von der Person, die den Unterbrechungsversuch unternimmt. Als der Moderator versucht, die Teilnehmerin B zu unterbrechen, wird ihre Stimme lauter. Auf diese Weise versucht sie ihr Rederecht zu verteidigen, indem sie den Moderator mit ihrer lauten Stimme übertönt. In der Regel geht die leise Stimme unter, und die laute Stimme setzt sich durch. Aus diesem Grund ist der Gebrauch einer lauten Stimme oft beim Moderator zu beobachten. Er spricht oft lauter als die anderen, damit er sich besser durchsetzen kann. Als Leiter einer Diskussionsrunde muss er in der Lage sein, sich über mehrere Personen hinwegzusetzen, um sich Gehör bei den Teilnehmern zu verschaffen.

In unserer Gesellschaft wird auch die Stimmqualität mit Rollenzuweisung verbunden, wobei ein Sprecher mit einer tiefen Stimme als sicher, dominant und mächtiger empfunden wird als ein Sprecher mit einer hohen Stimme. Dabei wird eine tiefe Stimme mit einem Mann assoziiert, eine hohe Stimme wird eher einer Frau zugeschrieben (vgl. Henley 1988:114). Dass eine tiefere Stimme mehr Autorität und Kompetenz hat, zeigt, dass Frauenstimmen, die tiefer klingen, mehr Kompetenz zugeschrieben wird. Ein populäres Beispiel findet sich in der Politik. Margaret Thatcher nahm Sprachunterricht, um ihr Image als kompetente und sichere Politikerin zu festigen, wobei ihre Stimmfrequenz sank und auf diese Weise ihre Stimmlage tiefer wurde. Um in politischen Diskussion mithalten zu können, müssen Frauen demnach über eine tiefere Stimme verfügen, wie es in dieser Diskussion der Fall ist. Die Teilnehmerin B verwendet keine hohe Stimme und hat damit ihre Stimmlage der männlichen angepasst. Vor allem der Teilnehmer D macht Gebrauch von einer sehr tiefen Stimme.

3.2.3. Ergebnisse

Das unterschiedliche Verhalten der Teilnehmer B und C wird im nonverbalen Bereich fortgeführt, und die Zweiteilung der Teilnehmer bleibt auch im nonverbalen Kommunikationsverhalten bestehen. Diese Unterschiede betreffen das Lachen, die Mimik und die Gestik. Während die Teilnehmer B und C ihre Gefühle offen zeigen, geben sich die Teilnehmer A und D dagegen sehr reserviert in ihren Reaktionen. Außerdem zeigen sie oft das gleiche nonverbale Verhalten wie der Moderator, indem sie auf die gleiche Art und Weise wie er gestikulieren. Dabei handelt es sich um dominanzindizierende Signale, wie z.B. den Finger erheben oder auf eine andere Person zeigen. Das Verhalten der Teilnehmer B und C ist dagegen mit negativen Merkmalen versehen, die statusniedrigen Personen zugeschrieben werden. Das nonverbale Kommunikationsverhalten unterstützt die Annahme, dass die Kategorien Geschlecht und Rasse das Sprachverhalten in gemischtgeschlechtlicher Konversation beeinflussen. Es gibt auch Bereiche, die nur eine Kategorie betreffen, wie z.B. die Sprechweise, die nur bei Teilnehmer C unterschiedlich ist. Daneben finden sich Bereiche, die wenig oder keine Unterschiede aufweisen, wie z.B. Lautstärke und Körperorientierung, die jedoch nicht vermehrt vorzufinden sind und zum Teil aus der Sitzordnung resultieren.

4. Schlussfolgerung

Das Sprachverhalten hängt von den kulturellen Vorstellungen weiblicher und männlicher Identitätsrollen bzw. von Stereotypen über die Geschlechter ab (vgl. Günthner/Kotthoff 1991:29). Solange diese Erwartungen bestehen bleiben, haben Frauen es nicht leicht, sich in Konversationen zu behaupten. Ihre Leistung steht nicht im Vordergrund und wird nicht beachtet, da die Rollenerwartung unser Kommunikationsverhalten beeinflusst und ausschlaggebender als das Verhalten selbst ist. Zusätzlich muss die ungleiche Bewertung der Verhaltensweisen überwunden werden, die stets negative Merkmale dem Sprachverhalten von Frauen zuschreibt. Ich schließe mich der Aussage von Günthner/Kotthoff (1991:39) an, dass "Änderungen im Sprachverhalten der Geschlechter [...] mit Änderungen im Wertesystem der Gesellschaft [einhergehen müssen]", wobei sich diese zum positiven gegenüber Frauen ändern müssen.

Des Weiteren darf nicht außer Betracht gelassen werden, dass unterschiedliche Konversationsstile nicht nur von der Kategorie Geschlecht abhängen. Daneben wirken mehr Aspekte mit, die unser Verhalten bestimmen, wie z.B. der Persönlichkeitsstil, Alter, Schicht, Beruf, Herkunft etc. Diese Analyse veranschaulicht, dass die Kategorien Geschlecht und Rasse einen erheblichen Einfluss auf den Konversationsstil in einer politischen Fernsehdiskussion ausüben. Das unterschiedliche Sprachverhalten lässt sich sowohl im verbalen als auch im nonverbalen Bereich beobachten, wobei diese Andersartigkeit in den meisten Fällen mit einer negativen Bewertung verbunden ist. Beide Personen aus diesen Gruppen benutzen ein Sprachverhalten, das statusniedrigen Personen zugeschrieben wird und trägt dazu bei, deren benachteiligte Stellung in der Gesellschaft zu präsentieren. Die Analyse zeigt auch, dass im Vergleich zu früheren Untersuchungen einige Verbesserungen im Sprachverhalten von Frauen zu beobachten sind. Die Frau in dieser Diskussion ist in der Lage mit ihren männlichen Kollegen 'mitzuhalten', indem sie sich nicht unterbrechen lässt und ihre Beiträge weitgehend selbständig beenden kann, wenn sie einmal das Rederecht innehat; sie hat dagegen Schwierigkeiten, das Rederecht selbständig zu bekommen und darf zu Wort kommen, wenn sie dazu aufgefordert wird. Dieses Verhalten verweist auf die Situation in der Gesellschaft, in der zwar einige Verbesserungen zugunsten der Frauen eingetreten sind, aber immer noch eine ungerechte Machtverteilung existiert. Eine Verbesserung in der Stellung der Frau scheitert immer wieder an der heftigen Gegenwehr der die Macht innehabenden Männer, die damit den Zugang zur Macht für sich beanspruchen und für Frauen versperren.

5. Bibliographie

Argyle, Michael. 1985 (1975 engl.). *Körpersprache und Kommunikation*. Paderborn: Junfermann (=Innovative Psychotherapie und Humanwissenschaften Bd. 5).

Aries, Elizabeth. 1984. "Zwischenmenschliches Verhalten in eingeschlechtlichen und gemischtgeschlechtlichen Gruppen". IN: Trömel-Plötz, S. (ed.) 114-126.

Bergmann, Jörg R. 1994. "Ethnomethodologische Konversationsanalyse". IN: Fritz, G. & F. Huudsnurscher (eds.) 3-16.

Betten, Anne. 1989. "Weiblicher Gesprächsstil und feministische Gesprächsanalyse? Überlegungen zum Forschungsstand". IN: Weigand et al. (eds.) *Dialoganalyse II*. Tübingen. 265-276.

Bodine, Ann. 1975. "Sex differentiation in Language". IN: Thorne, B. & N. Henley (eds.) 130-151.

Brinker, Klaus & Sven F. Sager. ^{2}1996. *Linguistische Gesprächsanalyse. Eine Einführung*. Berlin: Schmidt.

Bußmann, Hadumod. ^{2}1990. *Lexikon der Sprachwissenschaft*. Stuttgart: Kröner.

Bußmann, Hadumod. 1995. "*Das* Geschlecht, *die* Grammatik und - *der* Mensch: Geschlechterdifferenz in der Sprachwissenschaft". IN: Bußmann, H. & R. Hof (eds.) *Genus. Zur Geschlechterdifferenz in den Kulturwissenschaften*. Stuttgart: Kröner. 115-160.

Cameron, Deborah (ed.) 1990. *A Feminist Critique of Language. A Reader*. London, N.Y.: Routledge.

Cameron, Deborah. ^{2}1992. (^{1}1985). *Feminism & Linguistic Theory*. London: Macmillan.

Cameron, Deborah. 1995. "Rethinking language and gender studies: some issues for the 1990s". IN: Mills, S. (ed.) 31-44.

Coates, Jennifer & Deborah Cameron (eds.) 1989. *Women in their Speech Communities*. London, N.Y.: Longman.

Coates, Jennifer. ^{2}1993 (^{1}1986). *Women, Men and Language*. London, N.Y.: Longman.

Coates, Jennifer. 1996. *Women talk. Conversation between women friends*. Oxford:Blackwell.

Coates, Jennifer (ed.) 1998. *Language and Gender. A Reader*. Oxford: Blackwell.

Coulmas, Florian. (ed.) 1997. *The Handbook of Sociolinguistics*. Oxford: Blackwell.

Dittmar, Norbert. 1997. *Grundlagen der Soziolinguistik - Ein Arbeitsbuch mit Aufgaben*. Tübingen: Niemeyer. (=Konzepte der Sprach- und Literatur-wissenschaft 57).

Edelsky, Carole. 1993. "Who's Got the Floor?". IN: Tannen, D. (ed.) 189-227.

Fishman, Pamela M. 1983. "Interaction: The work women do". IN: Thorne, B. & C. Kramarae & N. Henley (eds.) 89-101.

Fishman, Pamela M. 1984. "Macht und Ohnmacht in Paargesprächen". IN: Trömel-Plötz, S. (ed.) 127-140.

Fishman, Pamela M. 1990. "Conversational insecurity". IN: Cameron, D. (ed.) 234-241.

Fritz, Gerd & Franz Huudsnurscher. (eds.) 1994. *Handbuch der Dialoganalyse*. Tübingen: Niemeyer.

Grässel, Ulrike. 1991. *Sprachverhalten und Geschlecht: Eine empirische Studie zu geschlechtsspezifischem Sprachverhalten in Fernsehdiskussionen*. Pfaffenweiler: Centarius.

Graddol, David & Joan Swann. 1989. *Gender Voices*. Blackwell: Oxford.

Günthner, Susanne & Helga Kotthoff (eds.) 1991. *Von fremden Stimmen*. Frankfurt am Main: Suhrkamp.

Günthner, Susanne & Helga Kotthoff. 1991. "Von fremden Stimmen: Weibliches und männliches Sprechen im Kulturvergleich". IN: Günthner, S. & H. Kotthoff (eds.) 7-51.

Günthner, Susanne & Helga Kotthoff (eds.) 1992. *Die Geschlechter im Gespräch: Kommunikation in Institutionen*. Stuttgart: Metzler.

Gumperz, John J. 1982. *Discourse Strategies*. Cambridge: CUP. (=Studies in Interactional Sociolinguistics 1).

Hellinger, Marlis. 1981. "Über den Zusammenhang zwischen Sprache und Geschlecht". *Englisch Amerikanische Studien* 1: 96-107.

Henley, Nancy M. 1975. "Power, Sex, and Nonverbal Communication". IN: Thorne, B. & N. Henley (eds.) 184-203.

Henley, Nancy M. 1988. (1977 engl.). *Körperstrategien. Geschlecht, Macht und nonverbale Kommunikation*. Frankfurt am Main: Fischer (=Die Frau in der Gesellschaft).

Henn, Helmut & Helmut Rehbock. ^{2}1982. *Einführung in die Gesprächsanalyse*. Berlin, N.Y.: de Gruyter.

Hudson, Richard A. ^{2}1996. *Sociolinguistics*. Cambridge: CUP.

Hummel, Cornelia. 1984. ">>Sie haben jetzt ja lange geredet, Frau Lieberherr<<: Entschuldigungen, Vorwürfe, Bitten und direkte Anreden in Fernsehdiskussionen". IN: Trömel-Plötz, S. (ed.) 258-287.

James, Deborah & Sandra Clarke. 1993. "Women, Men, and Interruptions: A Critical Review". IN: Tannen, D. (ed.) 231-280.

Jespersen, Otto. 1922. *Language: Its nature, development and origin*. London: Allen & Unwin.

Keenan, Elinor. 1991. "Normen kreieren - Normen variieren. Männliches und weibliches Sprechen in einer madagassischen Gemeinschaft". IN: Günthner, S. & H. Kotthoff (eds.) 75-100.

Key, Mary Ritchie. 1975. *Male/Female Language*. Metuchen, N.J.: Scarecrow.

Kotthoff, Helga. 1992. "Unruhe im Tabellenbild?". IN: Günthner, S. & H. Kotthoff (eds.) 126-146.

Kotthoff, Helga. 1992. "Die konversationelle Konstruktion von Ungleichheit in Fernsehgesprächen". IN: Günthner, S. & H. Kotthoff (eds.) 251-285.

Kotthoff, Helga. 1996. "Die Geschlechter in der Gesprächsforschung". *Der Deutschunterricht* 1996:1, 9-15.

Kramarae, Cheris. 1984. "Nachrichten zu sprechen gestatte ich der Frau nicht: Widerstand gegenüber dem öffentlichen Sprechen von Frauen". IN: Trömel-Plötz, S. (ed.) 203-228.

LaFrance, Marianne. 1981. "Gender Gestures: Sex, Sex-Role, and Nonverbal Communication". IN: Mayo, C. & N. Henley (eds.) 129-150.

Lakoff, Robin. 1973. "Language and woman's place". *Language in Society* 2: 45-80.

Lakoff, Robin. 1976 (1975). *Language and Woman's Place*. N.Y.: Farrar, Straus & Giroux.

Leitner, Gerhard. 1997. "The Sociolinguistics of Communication Media". IN: Coulmas, F. (ed.) 187-204.

Linke, Angelika & Markus Nussbaumer & Paul R. Portmann. 1991. *Studienbuch Linguistik*. Tübingen: Niemeyer.

Löffler, Heinrich. 1994. "Soziolinguistische Kommunikationsanalyse". IN: Fritz, G. & F. Huudsnurscher (eds.) 37-50.

Major, Brenda. 1981. "Gender Patterns in Touching Behavior". IN: Mayo, C. & N. Henley (eds.) 15-37.

Maltz, Daniel N. & Ruth A. Borker. 1991. "Mißverständnisse zwischen Männern und Frauen - kulturell betrachtet". IN: Günthner, S. & H. Kotthoff (eds.) 52-74.

Mayo, Clara & Nancy M. Henley (eds.) 1981. *Gender and Nonverbal Behavior*. N.Y.: Springer.

McConnell-Ginet, Sally. 1983. "Intonation in a man's world". IN: Thorne, B. & C. Kramarae & N. Henley (eds.) 69-88.

McConnell-Ginet, Sally. 1988. "Language and Gender". IN: Newmeyer, F.J. (ed.) *Linguistics: The Cambridge Survey*. Vol.IV: 75-99.

Mills, Sara. (ed.) 1995. *Language and Gender. Interdisciplinary Perspectives*. London, N.Y.: Longman.

Preisler, Bent. 1986. *Linguistic Sex Roles in Conversation*. Berlin, N.Y., Amsterdam: Mouton de Gruyter.

Pusch, Luise F. (ed.) 1983. *Feminismus. Inspektion der Herrenkultur. Ein Handbuch*. Frankfurt am Main: Suhrkamp.

Sacks, Harvey & Emmanuel A. Schegloff & Gail Jefferson. 1974. "A simplest systematics for the organization of turn-taking for conversation". *Language* 50: 696-735.

Samel, Ingrid. 1995. *Einführung in die feministische Sprachwissenschaft*. Berlin: Schmidt.

Scherer, Klaus R. & Harald Wallbott (eds.) 1984. *Nonverbale Kommunikation: Forschungsberichte zum Interaktionsverhalten*. Weinheim, Basel: Beltz.

Schiffrin, Deborah. 1987. *Discourse markers*. Cambridge: CUP. (=Studies in Interactional Sociolinguistics 5).

Schiffrin, Deborah. 1994. *Approaches to Discourse*. Oxford: Blackwell.

Schmidt, Claudia. 1988. *>Typisch weiblich-typisch männlich< Geschlechtstypisches Kommunikationsverhalten in studentischen Kleingruppen*. Tübingen: Niemeyer

Siebert-Ott, Gesa. 1987. "Feministische Linguistik und linguistische Gesprächsforschung". IN: Vogt, R. (ed.) *Über die Schwierigkeiten der Verständigung beim Reden*. Opladen: Westdeutscher Verlag. 179-201.

Smith, Philip M. 1985. *Language, the Sexes and Society*. Oxford: Blackwell.

Sucharowski, Wolfgang. 1985. "Gesprächsforschung - Zu einigen Problemen mit der linguistischen Gesprächsanalyse". IN: Sucharowski, W. (ed.) *Gesprächsforschung im Vergleich. Analysen zur Bonner Runde nach der Hessenwahl 1982*. Tübingen: Niemeyer. 1-38.

Tannen, Deborah. 1984. *Conversational Style: Analyzing Talk Among Friends*. Norwood, N.J.: Ablex.

Tannen, Deborah. 1993a. (1990 engl.) *Du kannst mich einfach nicht verstehen. Warum Männer und Frauen aneinander vorbeireden*. München: Goldmann.

Tannen, Deborah. (ed.) 1993b. *Gender and Conversational Interaction*. N.Y., Oxford: OUP.

Tannen, Deborah. 1994a. (1986 engl.) *Das hab' ich nicht gesagt!* München: Goldmann.

Tannen, Deborah. 1994b. *Gender & Discourse*. N.Y., Oxford. OUP.

Thorne, Barrie & Nancy Henley (eds.) 1975. *Language and sex: difference and dominance*. Rowley, Massachusetts: Newbury House Publishers.

Thorne, Barrie & Nancy Henley. 1975. "An Overview of Language, gender, and Society". IN: Thorne, B. & N. Henley (eds.) 5-42.

Thorne, Barrie & Cheris Kramarae & Nancy Henley. (eds.) 1983. *Language, Gender and Society*. Rowley, Massachusetts: Newbury House Publishers.

Thorne, Barrie & Cheris Kramarae & Nancy Henley. 1983. "Language, gender and society: Opening a second decade of research". IN: Thorne, B. & C. Kramarae & N. Henley (eds.) 7-24.

Trömel-Plötz, Senta. 1980. "Sprache, Geschlecht und Macht". *Linguistische Berichte* 69: 1-14.

Trömel-Plötz, Senta. 1982. *Frauensprache: Sprache der Veränderung*. Frankfurt am Main: Fischer (=Die Frau in der Gesellschaft).

Trömel-Plötz, Senta. 1983. "Feminismus und Linguistik". IN: Pusch, L. (ed.) 33-51.

Trömel-Plötz, Senta. (ed.) 1984. *Gewalt durch Sprache. Die Vergewaltigung von Frauen in Gesprächen*. Frankfurt am Main: Fischer (=Die Frau in der Gesellschaft).

Trömel-Plötz, Senta. 1984. "Die Konstruktion konversationeller Unterschiede in der Sprache von Frauen und Männern". IN: Trömel-Plötz, S. (ed.) 288-319.

Trömel-Plötz, Senta. 1984. "Weiblicher Stil - männlicher Stil". IN: Trömel-Plötz, S. (ed.) 354-394.

Trudgill, Peter. ^{3}1995 (^{1}1974). *Sociolinguistics: An Introduction to Language and Society*. London, N.Y.: Penguin.

Tsui, Amy B.M. 1994. *English Conversation*. Oxford: OUP.

Vater, Heinz. 1994. *Einführung in die Sprachwissenschaft*. München: Fink. (UTB 1799).

Wardhaugh, Ronald. 1986. *An Introduction to Sociolinguistics*. Oxford, N.Y.: Blackwell.

Werner, Fritjof. 1981. "Gesprächsarbeit und Themenkontrolle". *Linguistische Berichte* 71: 26-46.

Werner, Fritjof. 1983. *Gespächsverhalten von Frauen und Männern*. Frankfurt am Main, Bern: Lang.

West, Candace & Don H. Zimmerman. 1983. "Small insults: A study of interruptions in cross-sex conversations between unaquainted persons". IN: Thorne, B. & C. Kramarae & N. Henley (eds.). 102-117.

Wex, Marianne. 1980. *"Weibliche" und "männliche" Körpersprache als Folge patriarchalischer Machtverhältnisse*. Frankfurt: Wex.

Wex, Marianne. 1983. ">weibliche< und >männliche< körpersprache im patriarchat". IN: L: Pusch (ed.) 52-81.

Yule, George. ^{2}1996. *The study of language*. Cambridge: CUP.

Zumbühl, Ursula. 1984. ">>Ich darf noch ganz kurz...<<: Die männliche Geschwätzigkeit am Beispiel von zwei TV-Diskussionssendungen". IN: Trömel-Plötz, S. (ed.) 233-245.

6. Transkriptionssymbole

nach Tannen (1993a):

[ ]   Überlappung von mind. 2 Personen, Anfang und Ende

⌉⌊   keine Pause zwischen den Beiträgen

nach Coates (1996):

/   längere Pause

.   kurze Pause

< >   zusätzliche Information, insbes. nonverbales Verhalten

-   nicht vollständig, entweder Wort oder Satz

((xx))   nicht definierbarer Ausdruck

nach Schiffrin (1987):

=   der Redebeitrag wird fortgeführt

?   Frage

!   Ausruf

A: I can't wait to go to the party!	It'll be fun.	der Ausruf von B erfolgt
B:	Oh yeh!	in einer Pause von A

meine Definition:

YOU   Lautstärke wird höher

<u>you</u>   der Ausdruck wird betont

7. Transkript

7.1. 1. Thema

M: Issue one . Beijing calling

<Bill Clintons Rede>

1. Runde

M: Question: of Clinton's stated reasons for going to China / which is the strongest . Pat Buchanan? <Blickkontakt zu A>

A: <Blickkontakt zu M oder zu Boden, kurz zu B; Gebrauch von 1 Hand, kurzer Gebrauch von 2 Händen>
None John . the only reason for going to China is . that if he cancelled it it would be a total disaster / look . the president should never have scheduled this . quite frankly if he had not / he would not be scheduling it / the communist Chinese have really spat in our face / on issues like giving . ballistic missile technology to Pakistan / nuclear technology . selling missiles to Iran / violations of human rights . corrupting our politics / Clinton is giving basically a benediction here . to a regime Chi– uh China / which realizes America is a paper tiger that's interested only in trade

M: Eleanor

B: <Blickkontakt zu A; Gebrauch von 1 Hand; starke Kopfbewegung>
Well . whether Pat Buchanan likes it or not / China is an emerging superpower and in the new world order of the next century there will be two / superpowers [in the world] and =

A: [umhm <yes>]

B: = China's going to be one of them / and the national security reasons for going to China are very powerful

M: Are they dominant?

B: <Blickkontakt zu M>
Uh / well . yes . I think they are [dominant

M: [Certainly not U.S. business . he's not Ron Brown right?

B: <Blickkontakt zu M>
No / but U.S. business has enormous stake in [THAT MARKET OVER THERE

M: [But number one is not [the- I'm supporting your point

B: <Blickkontakt zu M, kurz zu A> [I TAKE- right =

B: = number one is national security . and in terms of furthering democracy / the people of China are welcoming him to Tiananmen . because they feel it shows solidarity with their cause / even the Dalai Lama / wants him to go to China

C: <lacht>

M: Have I to give the strongest reason or can you give it to me? She touched upon it. <Blickkontakt zu C>

C: [The strongest reason–

M: [Destructive engagement to prevent China from becoming an adversary in the 21th century

C: Yeah that's right

M: cooperation [not confrontation]

C: [spoken-] spoken just like Richard Nixon . Pat's former employer . it's interesting to see you turn against the policy upheld by by by Ford by Reagan . Bush / Ford and Bush have spoken out very much in support of this trip / for very good reasons national security . trade and also to have the leverage . to be able to get the human rights reforms / that we want to see . China . is far from perfect but they are on the improvement track . and isolationism that we tried for many years didn't work
<Blickkontakt zu M, A, D und B; Gebrauch von 2 Händen>

B: Right

M: I don't know whether they're on the improvement track . what do you think Larry Kudlow? by the way welcome to the Group

D: Thank you John

M: <Hände sind vor dem Körper verschränkt; Blickkontakt zu D>
You're looking very well . very / suave

<alle lachen>

D: <lächelt; Blickkontakt zu M oder zu Boden; Gebrauch von 1 Hand>
I appreciate that / I appreciate that but I'm not happy with Clinton on this issue / I I agree there should be engagement / and I agree there should be some trade-opening initiatives / but I think / people like China are not going to treat us with respect / as long as we completely decimate and hollow-out the U.S. military defense budget / around the world / people are filling the vacuum . that the United States is moving out of / we have lost $120 billion from our defense budget]

M: [In how long a period?

D: This is . since the Persian Gulf War . principally . [weapons-

M: [and more than that since '85 it's about =

M: = half the budget it was

D: weapons- weapons . ships . tanks . missiles . down 50 to 60 percent
<Blickkontakt zu M>

M: How about personnel?

D: A thousand short in Air Force pilots . we can't fight two uh medium-sized wars . we =

B: well-

D: = can't operate on the three oceans as we used to

A: John this is very-

B: Yeah but let's remember- <lacht>

M: Okay hold on . let him finish

D: this is the key point . Republicans haven't done any better and <Gebrauch von erhobenem Finger> we need a missile defense system John =

M: YEAH LET ME GIVE YOU A KICKER

D: = we need a missile defense system to defend against some of ((xx))

M: Larry you're right on the money but let me give you a kicker . guess what 40 percent of our troops in Bosnia is currently made of? / NATIONAL GUARDSMEN AND RESERVISTS! =
<Blickkontakt zu D; Gebrauch von erhobenem Finger>

D: <nickt>

M: = FORTY PERCENT!

A: John-

M: this is not a this is not a- <Blickkontakt zu A>

A: <Blickkontakt zu M> let's go to a chart . look . China is determined . you're right . it wants to be the great hegemonic power of Asia and the West Pacific / it's got a plan to basically establish hegemony there and force the United States back across . the idea that Bill Clinton going to China / and sitting there in Tiananmen Square and talking and chatting / is puerile to think that this is going change-

B: well- Yeah I don't know- <lacht>

M: <Blickkontakt zu A> HEY PAT . PAT! Pat . the one thing that you've got to get straight . we can hurt China but we can't hurt China =

M: = enough to make it change / you got it?

A: <Blickkontakt zu M> John you could pull a string and China will =

B: well-

A: = devalue tomorrow . ask Larry that <zeigt mit dem Finger auf D>

B: Yeah

M: Is that true?

D: China I–

M: You know you know that everybody else would rush in to fill the vacuum <Blickkontakt zu D>

C: <lacht>

D: <Blickkontakt zu M; Gebrauch von 2 Hände>
China's not going to devalue . that's a separate issue . but look it / you can't have a nuclear nonproliferation treaties given the weakness of the American defense situation and we-

B: <Gebrauch von 1 Hand> YEAH THAT'S A TOTALLY DIFFERENT SUBJECT THAT'S A TOTALLY DIFFERENT SUBJECT

D: <Blickkontakt zu B; Hinwendung des Oberkörpers zu B> peace- peace- peace through strength is a <u>related</u> subject because the Chinese are=

B: THE CUTBACKS–

D: =hardball players and they are not going to respect us unless we respect ourselves

B: THE CUTBACKS– THE CUTBACKS–

M: Eleanor . let Eleanor

B: <Gebrauch von 2 Händen>
the cutbacks in military spending were begun under the Bush administration . after the Bush administration successfully fought the Gulf War and the Democratic Congress signed off on it . and if we want to make some changes . fine . but is has nothing to do with whether Clinton should go to China or not

2. Runde

M: OKAY OKAY . THE TITILLATING BOOK!

<der Moderator berichtet>

M: Question: are the Chinese to commended for A) B) and C)? / Humor Clinton as impenetrable and saving him embarrassment I ask you Larry

D: Well . I don't think they– I mean they leaked this so the whole world knows it's out there and then at the last minute they pull it off

M: Hey let me get one thing straight . you do want him to go to China? <Hinwendung des Oberkörpers zu D; Blickkontakt zu D>

D: I do want him to go to China

M: Okay . do you want him to go to Tiananmen Square? you don't want him to go . but do you know that he's committed to go?

D: <Gebrauch von 2 Händen>
He's going to do what he's going to do . he should engage them . I'm not opposed to that.

M: he should engage / well it isn't sound like that all

D: <Gebrauch von 1 Hand>
The principal point I'm going to make is peace through strength . and the U.S. must not lose sight of the importance . of national security

C: That's not- ((xx))

M: Okay okay

C: <Gebrauch von 2 Händen>
he appears in Tiananmen Square but what's important is, what does he say in Tiananmen Square? that's what we've got to wait to see

M: He lays the wreath and he says a prayer out loud for the dead. That's what he does. And he reserves Beijing University appearance to scold the Chinese human rights Got it?

C: Is that your prediction? / Is that your prediction John?

M: That's what I think he should do

C: What he should do? what he should do?

M: Well . there was a little inside information there for you . you want to use it in your column?

C: Well, I'm– <lacht>

3. Runde

M: Exit question: on a human rights betterment scale of zero to 10 . zero meaning zero betterment / 10 meaning metaphysical betterment / how much betterment will Clinton produce in China . Pat Buchanan?

Transkript

A: He's going to get a few tokens and the president should not be in Tiananmen Square

M: I call that zero / show dissidents

A: No he's going to get some token gifts later

M: But–

A: One / a one

M: A one? . what do you think Eleanor?

B: <Gebrauch von 2 Händen>
Private diplomacy works a lot better than public hand-wringing. They released the two leading dissidents and Wang Dan, the most recent one / wants the president to go to Tiananmen Square / wants him to bring a little international sunshine . this is all positive

M: What's the score?

B: Oh I'm going to give it a seven <lächelt>

M: What do you think? SEVEN IN HUMAN RIGHTS! DREAM ON!

C: <Gebrauch von 2 Händen; Blickkontakt zu M> The idea- the idea is to continue the track that we're on and over time in the long run China has made some improvements in human rights it isn't saying much / but that's not the primary function of this trip I think it's a seven

M: What do you think?

D: Yeah I'd give it about a three or a four and I think if anything good comes out of this trip it's going to be economic cooperation . it's not going to be human rights

M: on human rights-

C: Which isn't a minor thing <lacht>

M: On human rights betterment Clinton will get a zero he might get a few / one or two perhaps show dissidents but that's the Potemkin village approach to human rights / you know what I mean by that Pat? <zeigt mit dem Finger auf A>

A: Yes you do–

M: You might as well accept the fact that China is an Asian autocracy / when we come back / MONICA IN VANITY FAIR / SMART OR DUMB?
<Gebrauch von 2 Händen>

<Werbeunterbrechung>

7.2. 2. Thema

M: Issue two: MONICA!

<1. Photo wird gezeigt und kommentiert>

1. Runde

M: Question: fair . or . unfair? Pat Buchanan?

A: Ah I think it's somewhat unfair it's little over the top

M: little over the top . Eleanor?

B: <Blickkontakt zu M; Hände ineinander verschränkt>
I think the column is harsh but / it does make the point / that Monica Lewinsky has undermined / her / defense if you will . that she was uh take- totally taken advantage of I mean she now . looks like . an all-too-willing participant and / the fact that she now seems to be with these photographs to be laying the groundwork for a future career . maybe as a silent film actress I don't know what but she . seems to be taking advantage of her situation I just don't think it helps her credibility

M: Do you see it that way? Don't you [think she looks like the "girl next door" with a little =

C: [I-

M: = bit of self-parody?

B: [maybe you will <lacht>

C: [I thought Maureen Dowd's column kind of reminded me of a runner-up critiquing the homecoming queen = <lacht>

B: <lacht>

C: = I mean this is all really small potatoes John . I mean that I-]

M: [What's small potatoes?

C: This whole Vanity Fair photo layout deal [this week's story-

M: <Gebrauch von 1 Hand> [It's our first glimpse of this woman
[when she doesn't look [when she doesn't look HUNTED

C: [this week's story [will be forgotten next week outside the Beltway nobody cares it's not going to have any impact on her trial it is small potatoes <Gebrauch von 2 Händen>

M: Do you agree with that?

D: <Gebrauch von 1 Hand; kurzer Gebrauch von 2 Händen>
I basically do I think Clarence is right it's not going to change anything it certainly has no legal impact / and as far as PR promo and politics I don't know I mean look-

M: Well you might as well get used to this both of you because she's got two more photos to go

C: <lacht>

B: Oh no <lacht>

D: Monica- <blickt zu Boden; Gebrauch von 2 Händen>
I'm delighted to hear that Monica Lewinsky is obviously very confused . very troubled / she's got to somehow save her skin and her soul I hope she gets honest with the prosecutor she's finally got some decent attorneys =

C: <nickt>

D: = you know one thing she could do / is read the <u>other good story</u> <Gebrauch von erhobenem Finger> in Vanity Fair about the Reagans 46-year successful marriage

M: I think you could argue that this is shrewd and calculating and probably quite <u>effective</u>

A: I think it helps her

M: It humanizes her
it gives her a little bit of celebrity status and it blunts the POTENTIAL =

B: Effective at what?

A: it-

M: <Gebrauch von erhobenem Finger>
= SMEAR ATTACKS of the White House

A: it helps-

M: <Gebrauch von 1 Hand> it worked to some extent with Fawn Hall you remember that?

A: it helps her and it helps Clinton because it makes this all look like a big farce everybody's laughing about it . it's a soap opera and therefore it's not a serious ((xx))
<Blickkontakt zu M; Gebrauch von 1 Hand, kurz 2 Hände>

M: Well you could argue . you could argue it the other way and I'll show you how in just a minute <Gebrauch von erhobenem Finger>
Okay photo two

<2. Photo wird gezeigt und kommentiert>

2. Runde

M: Question: Is it possible that this photo actually helps Clinton? Some say it suggests Monica as Lolita and implicitly Bill as Humbert Humbert / the aging obsessive suitor <lacht> =

C: <lacht>

M: = So / they are co-seducers / and co-victims . so / Clinton is no predator [is that too =

A: [No-

M: = complicated for you?

B: <lacht>

A: <Gebrauch von 1 Hand>
Clinton is helped by the fact that this is all a big joke we're laughing about it it's not serious but the whole issue of Monica et cetera goes to his integrity / it goes to whether he's going to remain as president so in the PR game / it looks like look another episode in a soap opera and his PR team [is helped

B: [well-

M: Eleanor

B: I agree with Pat that it makes the whole thing seem like a farce and it also does bolster the notion that this is a woman who lives a lot of her life =

C: <zieht seine Augenbrauen hoch>

B: <Gebrauch von 2 Händen>
= in fantasy . she wants to be Marilyn Monroe she wants to be Elizabeth Taylor . Jane Russell I mean all these pictures sort of ape / you know Hollywood [personalities it's– it's quite sad

C: [Well I want to hear you say you agree with Pat again I never thought I'd live this long <lacht>

B: Okay!] <lacht>

M: [Maybe they present a portrait of a woman who could easily be lusted after / by Mr. Clinton]

B: [well-]

M: [if so-]

B: [but so what? <lacht>

M: The so what is this: What the White House is depending upon is "he said" and "she said" if she looks more seductive more lustable / then that helps her

D: Yeah I mean look / the Maureen Dowd link the sex kitten link is inescapable . that's one of the things that you get out of this so obviously / that casts Clinton in a very poor light I don't see why you think it's going help him I mean why do we think Monica-

M: I said it might help her

D: Why this is going to help him I don't see

M: it might not help her with this particular you know

D: What do you think Monica Lewinsky was doing in there . 30 . 40 50 ((xx))

M: Okay photo three

<3. Photo wird gezeigt und kommentiert>

3. Runde

M: Question: does this photo make you freak out Eleanor?

<alle lachen>

B: No but I suspect Pat Buchanan and all his friends =

A: All right

B: = who have been the people who've been / portraying her as this innocent little girl / are probably very disturbed by the fact that she is / denigrating the American flag so I don't think that was a wise pose in terms of her constituency in America who've been siding with her =

C: <stöhnt>

B: = and ((xx)) the president

A: John look the girl is in single digits

M: What do you find?
I'll go to ((xx)) <zeigt mit dem Finger auf C>

C: I don't think she was denigrating the flag she was using it as a backdrop <lacht> like Patton that's-

M: Well it was little bit of an Andy Warhol self =

D: Absolutely

M: = you know it was a little bit of Andy Warhol mockery [but you know all of this could =

D: [it's a-

M: <Blickkontakt zu D>
= be designed as Ginsburg says to enhance her self-esteem because . she's going to need all the psychological supporters she can get if she's going to cut herself away from the man that she has been standing by / and become a hostile witness / in its own curious way what this may do / the magic of Vanity Fair exposure / what it may do is give her the psychological energy to go forward to do that DON'T YOU SEE THAT?]

A: [John-

M: YOU'RE JUDGING THIS ONLY [INSIDE THE BELTWAY . there are 268 [other =

A: [John are you-

B: [John-

M: = Americans out there [million Americans who see it differently] she's playing to the =

D: [I understand I understand that]

M: = masses this goes over wonderfully [in LA and New York

A: [LOOK JOHN more people will see this show <Gebrauch von erhobenem Finger> than read Vanity Fair A) are you on their payroll?

M: <lacht sehr laut>

A: B) she should not have been fooling with that flag? but C) her reputation's in single digits she [can't be hurt [I think she's going to be helped by this

B: [Yeah

M: [OH FOOLING WITH THE FLAG! FOOLING WITH THE FLAG!
[she's involved with the potential the potential impeachment of the president of =

B: [I know when Monica- <lächelt>

M: = the United States [and she's saying ["Here"-

B: [when-

A: [She's making that unserious with this flag]

M: [Well =

M: = UNSERIOUS! [What is she supposed to do? SHE'S A YOUNG KID PAT!]

B: [well-

C: [The real issue is [impeachment

M: [SHE'S IN HER MID-TWENTIES [MY GOD YOU WERE BEING =

A: [she's-

M: = ARRESTED BY THE POLICE FOR BRUISING PEOPLE IN GEORGETOWN [WHEN YOU WERE IN YOUR MID-TWENTIES

A: [THEY WERE NOT- BESIDES HE'S NOT TRYING TO BOOST HER LIBIDO HE SAID HE WAS [LIBERATING IT JOHN

M: [COME ON! she looks like she's open [she's friendly she's got a good =

B: [WHEN MONI- WHEN-

M: = personality [you'd like to have a little party [what's wrong with that?

B: [WHEN- WHEN- NO- [WHEN-

A: <lacht>

B: WHEN MONICA- when Monica is ready to make her confession . I suspect you should go back to your former profession and hear it because you've got [a lots of good advice here <lacht> <alle Teilnehmer lachen>

M: [Eleanor did you get that phone call outside from Herb Ritts for you? he says THE MALIBU SHOOT WITH YOU IS ON! =

B: <lacht>

M: = BRING YOUR THONG! on the web-]

A: <zeigt mit dem Finger auf B> [YOU LEAVE THAT FLAG ALONE ELEANOR! <lacht>

B: That's true

M: on the web by the way we asked . "Will Monica Lewinsky cooperate fully with Ken Starr?" Get this: 68 percent say yes

4. Runde

M: Now the multiple exit questions there are two multiple choice: How smart or dumb was this photo shoot? A) very smart B) smart C) dumb D very dumb Pat Buchanan?

A: I think it was very smart for Monica

M: very smart?

A: <Gebrauch von 1 Hand>
Yes and let me tell you . you know a lot of stories are breaking in the LA Times this weekend that / there's a lot of stuff she's going to come out with and it's going to be very . very rough

M: Eleanor?

B: It's as dumb as it could get to do this

M: Very dumb D)

B: right <lächelt>

M: What do you say?

C: <Gebrauch von 2 Händen>
You have no category for "It's a wash" which is where I put it <lacht> =

B: <lacht>

C: = you know I think it's dumb and it's smart at the same time

M: <Gebrauch von einem erhobenem Finger>
I'm going to give you some lessons on playing the game when the panelists told me that you were not here for practice

C: <lacht>
I'm sorry about that

M: Was Dennis Rodman getting to you? DA BULLS!

C: Oh boy you know he got a me a long time ago this is this is Michael's last year.

M: Larry what do you think?

D: Very dumb very dumb

M: Very dumb / A) it happens to be very smart =

D: <lächelt>

M: <Gebrauch von erhobenem Finger>
= and you ought to bear in the mind the Westmoreland trial when John Scanlon turned things around as far as public relations is concerned . the conservative approach to public relations is gone she didn't utter a word she got all this from photographs=

A: John-

M: = what you do-

B: Why did they fire Ginsburg? <lacht>

M: Just a minute what you do is you try to work on the press and the crowd and they're working=

D: John this guy-

M: =on the crowd with this =

5. Runde

M: <Gebrauch von erhobenem Finger>
= exit two: Upon viewing the photos do you find Monica is more likable or less likable? hurry up

A: Frankly more

M: Eleanor?

B: Less sympathetic but it still doesn't make me want Ken Starr to indict her <zeigt auf sich; lacht>

M: Eleanor the word was <u>likeable</u>

B: I don't I don't think likeable is relevant here

M: you don't?

B: No I don't I deliberately chose the word

M: Well if you think that she's less sympathetic you mean she's really less likeable reductively

B: No less sympathetic

M: What do you say?

C: I'll say more likeable and I too am agreeing with Pat Buchanan entirely too much

A: You're coming around Clarence =

C: <lacht>

A: <verschränkt seine Arme vor dem Körper> = you're coming around you're moving

M: You think it was very smart?

C: Well I didn't say it's very smart I said it's a wash you know

M: Well now you seem to be drifting Clarence

C: It wasn't that=

C: =dumb [no it's a unique category
M: [What do you say?

D: <Gebrauch von 1 Hand> Less likable she comes off as a grandiose arrogant self-absorbed woman and I think with the flag and other aspects the sex-kitten aspects people are going to be real unhappy with this and it's going to hurt Clinton's position too . it's lose-lose John

M: Wrong [the answer is clearly / more likeable =
C: [uuh

7.3. 3. Thema

M: = Issue three: What me worry?

<Alan Greenspans Rede>

1. Runde

M: Question: Isn't Greenspan being / recklessly optimistic? Pat Buchanan

A: <Gebrauch von 1 Hand> He's going to come regret those words he said them to try to keep confidence in this economy but John / Asia right now / is in 1930

B: <Gebrauch von 2 Händen> I have said on this show endless times nobody gives Clinton any credit for the economy it's all . Greenspan it's like it comes straight from God =

M: <lacht>

B: = to your ears that Greenspan is so wonderful / and now he's wrong? Uh-uh <lacht>

C: <lacht>

M: He's right?

B: He's right

C: Greenspan's right

M: Greenspan's right?

D: Greenspan is totally right it's the best statement of the new paradigm =

C: <lacht>

D: = it's part of a long wave of prosperity / you two guys <zeigt mit seinem Finger auf A und C> are the pessimists and the [declinists on this show =
C: <lacht> [Doomsayers

A: <lacht>

M: HEY!

D: =Eleanor and I =

B: <lacht>

D: = are the only optimists on this show =

<alle lachen>

D: <Gebrauch von erhobenem Finger>
= we're going to be right and here's another bulletin here's another bulletin [the next-

M: [HEY you've got the wrong guy [I'm with you I think he was right we'll be right back with predictions

D: [the next-

<Werbeunterbrechung>

2. Runde

M: <Gebrauch von erhobenem Finger>
Predictions: The market is about 9,000 now what will it be one year from now? I ask you Pat

A: Seven thousand]

M: [What do you think?

B: Ninety-eight [hundred

M: [What do you think?

C: Over 10,000

M: What do you think?

D: Over 10,000

M: Really? The answer is 7,000 =

B: <lacht>

C: <lacht>

M: = there's such a thing as Y2K and you better pay attention to it . Y2K go liquid a year from now . BYE-BYE!

END